SECRETS

DU VIEUX DRUIDE

DE LA FORÊT MÉNAPIENNE,

Accompagnés des préceptes et avis salutaires

DE JEAN DE MILAN,

Publiés et mis en langage vulgaire

PAR LE SAGE AREMI.

———— ❦ ————

A LIMBOURG,

Chez l'Editeur , et chez tous les Libraires de la France
et de la Belgique.

LILLE.— TYPOGRAPHIE DE BLOCQUEL-CASTIAUX.

AVERTISSEMENT DE L'ÉDITEUR.

PARMI tous les ouvrages attribués aux Mages et qui ont été publiés jusqu'ici, il en est peu qui renferment des moyens faciles de se conserver en santé, ou de remédier aux maux qui affligent l'espèce humaine. Tous sont d'une obscurité désespérante, et si, à force de recherches, d'étude et de persévérance, on parvient à découvrir le sens des paroles qui y sont renfermées, on est souvent mis dans l'impossibilité d'en tirer avantage, en raison des nombreuses difficultés qu'il faut vaincre pour réussir.

Ce n'est pas à dire qu'il faille repousser tous les volumes qui traitent des sciences occultes ; mais il faut les choisir prudemment, et ne se livrer à des expériences coûteuses qu'après en avoir calculé les résultats possibles.

Le Vieux Druide dont nous publions les conseils (nous pourrions dire les secrets), n'a rien avancé que ce que l'expérience lui avait fait reconnaître comme d'une exactitude rigoureuse, aussi nous plaisons-nous à publier ses écrits dont le traducteur a sacrifié l'élégance du style à la simplicité des expressions et à la clarté des phrases dont l'ambiguité aurait pu devenir sinon dangereuse, au moins très-préjudiciable aux intérêts de nos lecteurs.

Notre publication sera donc, nous osons l'espérer, accueillie de tous ceux qui recherchent la vérité et qui sont animés du désir d'être utiles aux autres, en même temps qu'ils tiennent à se procurer et à faire usage de tous les moyens de bonheur que la nature a placés sous la main de l'homme.

La première partie de notre œuvre est consacrée à la santé de nos semblables ; la seconde aura pour motif leur fortune. Nous affirmons l'efficacité de tous les moyens conseillés dans la première, mais nous déclarons en toute humilité, que la plus capricieuse de toutes les divinités du paganisme étant la fortune, il faut joindre à beaucoup de perspicacité, une promptitude remarquable pour la saisir au passage et la forcer à nous être favorable. *L'Union*, comme on le sait, *fait la force*, ainsi *la Persévérence fait la réussite*. Quoi qu'il arrive ne vous laissez donc pas décourager, et rappelez-vous ce proverbe d'une éternelle application : *Tout vient à point à qui peut attendre*.

Nous avons mis en tête de la première partie, la traduction en vers des meilleurs préceptes renfermés dans l'excellent ouvrage de JEAN le milanais, ouvrage tant de fois réimprimé sous le titre : *Art de conserver sa santé par l'école de Salerne*.

Notre volume, alors qu'il ne renfermerait que ces préceptes, mériterait un vif accueil de nos lecteurs ; mais les recettes de tous genres dont nous avons fait suivre cette remarquable production, ne sont pas moins dignes de la confiance publique.

En disant que la seconde partie a pour but la fortune de ceux qui nous liront, nous faisons allusions aux avantages matériels qu'ils peuvent tirer de l'emploi des recettes que nous y avons consignées. —En effet, il est telle de ces recettes qui leur procurera une économie notable dans les dépenses de leur ménage, telle autre qui leur assurera la réussite d'une expérience utile ou amusante, beaucoup qui rendront possible la réalisation d'un projet qu'ils seraient obligés d'abandonner sans leur secours ; somme toute, notre livre peut être présenté comme un VÉRITABLE TRÉSOR.

PRÉCEPTES ET AVIS SALUTAIRES

DE JEAN DE MILAN.

Avant de nous occuper des secrets recueillis par *le Vieux Druide de la forêt ménapienne*, nous allons donner les préceptes de *Jean de Milan*, dont la réputation est universelle, bien persuadés que nos amis en tireront toute sorte de contentement.

Préceptes généraux pour la santé.

Buvez peu de vin pur, le soir ne mangez guère,
Faites de l'exercice après chaque repas.
Dormir sur le dîner, c'est l'usage ordinaire,
      Toutefois ne le suivez pas.

   Quand vous sentez que la nature
Veut vous débarrasser d'une matière impure,
Ecoutez ses conseils, secondez ses efforts;
Loin de vous retenir, vîte de cette ordure,
Le plus tôt qu'il se peut, délivrez votre corps.
Fuyez les soins fâcheux, par eux le sang s'altère;
Comme un poison funeste évitez la colère.
En observant ces points, comptez que de vos jours
Un régime prudent prolongera le cours.

Moyens de se passer de médecin.

S'il n'est nul médecin près de votre personne ,
Qui dans l'occasion puisse être consulté ,
 En voici trois que l'on vous donne :
Un fonds de belle-humeur , un repos limité ,
 Et surtout la sobriété.

Du choix de l'air.

D'un air pur et serein connaissez l'avantage ,
Il y faut, s'il se peut, choisir votre séjour.
D'un égoût, d'un marais, craignez le voisinage ;
Logez loin des vapeurs qui régnent à l'entour.

Ne pas trop boire d'eau dans le repas.

Dans vos repas , ne buvez pas d'eau claire ,
Il en provient trop d'incommodités ;
L'estomac refroidi , mal-aisément digère ,
Et ce qu'on mange alors laisse des crudités.

Des effets et des marques du bon vin.

Toujours aux meilleurs vins donnez la préfé-
    rence ,
Ils produisent toujours les meilleures humeurs.
Méprisez un vin noir, épais , sans transparence ,
Il envoie au cerveau de grossières vapeurs ;
Il charge l'estomac , cause des pesanteurs ,
    Et rend sujet à la paresse.
Choisissez , pour bien faire , un vin mûr , un vin
    vieux ,
Uu clairet pétillant , dont la délicatesse
Tienne en effet au goût ce qu'il promet aux yeux :
Tempérez-en par l'eau l'esprit trop furieux ;
Encore en le buvant , consultez la sagesse.

————

De la soupe au vin.

Soupe au vin, autrement la soupe au Perroquet,
    A plus d'un merveilleux effet ,

Elle embellit les dents, elle éclaircit la vue ;
  Dans les vaisseaux qu'elle refait ,
  Aisément elle s'insinue.
Les humeurs abondaient , elle les diminue ,
  Et vous forme un sang plus parfait.

De la soupe.

  Ne méprisez point le potage ,
  Rien ne vous nourrit davantage ,
  Ni ne fournit des sucs meilleurs ,
Pour prévenir l'amas des mauvaises humeurs.

Des choses qui corrigent la boisson.

  La Sauge et la Rue ont le don
De rendre saine une boisson.
  Si l'on y joint la fleur de Rose ,
On en tempère mieux l'ardeur que l'amour cause.

Effets de la bière.

  Ce que la bière a de mauvais ,
  C'est que par un suc trop épais ,
  Elle nourrit l'humeur grossière ;
  Car on sait d'ailleurs que la bière
Rend charnu, fortifie, et même elle fournit
  Beaucoup plus de sang qu'on ne pense ,
  Fait uriner en abondance ,
  Enfle le ventre , l'amollit,
  Et modérément rafraîchit.

Effets du vinaigre.

Du vinaigre le trop d'usage,
    Refroidit, dessèche, amaigrit,
Et fait qu'un pauvre époux dont le suc dépérit,
    Néglige la paix du ménage.
Le vinaigre corrompt, change un tempérament,
Le rend atrabilaire, et produit un ravage,
Qui des nerfs desséchés trouble le mouvement.

Des aliments qui sont de bonne et légère nourriture.

Choisissez une nourriture
    Simple, et conforme à la nature.
Mangez de bons œufs frais, n'en perdez point le
    lait,
Prenez de forts bouillons, buvez du vin clairet.
Fine fleur de froment, et mets de cette espèce,
Vous feront arriver à l'extrême vieillesse.

Des viandes mélancoliques.

Abstenez-vous du fruit, et laissez l'abricot,
    La pêche, la pomme et la poire,
Le fromage, le lait, le salé qui fait boire,
    Lièvre, cerf, bœuf, chèvre, en un mot
Tout ce qui peut en vous nourrir la bile noire.

Des viandes qui nourrissent et engraissent.

Vous manque–t-il de l'embonpoint ?
En ce cas ne négligez point
L'usage du froment, le porc frais, la moelle.
Le fromage nouveau, le rognon, la cervelle,
Les vins doux, l'œuf mollet, les chairs d'un jus
    exquis,
Figues mûres, raisins nouvellement cueillis,
Vous feront une graisse et saine et naturelle.

––––––

Il ne faut point charger l'estomac.

Pour manger, attendez que l'estomac soit vide.
S'il n'a point digéré votre dernier repas
D'un surcroît de travail ne le fatiguez pas.
Bornez-vous au besoin, n'ayez point d'autre guide.

––––––

Bons et mauvais effets de la faim et de la soif.

Ne buvez point sans soif. Quand l'estomac est
    plein,
Attendez, pour manger, le retour de la faim.
Et la soif et la faim dans un degré modique,
Sont contre bien des maux le meilleur spécifique.
Mais de ces deux besoins l'excès est dangereux ;
Il en peut provenir mille accidents fâcheux.

––––––

Avantages de la sobriété.

Sur le manger et sur le boire,
Réprimez l'appétit, usez-en prudemment.
L'homme sobre plus tard arrive au monument.
Un docte médecin l'a dit, on peut l'en croire.

Des œufs.

vous mangez un œuf, qu'il soit frais et mollet,
Et sur chaque œuf buvez un trait.

Du fromage et des noix.

Qu'aux viandes pour dessert succède le fromage.
Qu'au poisson succède la noix.
Une seule suffit, deux sont trop ; l'homme sage
Se garde bien d'en manger trois.

Il faut régler ses repas selon la saison de l'année où l'on est.

Au retour des Zéphirs, sobre en vos aliments,
Ne vous empifrez point de trop de nourriture,
    Et songez qu'alors la nature
Des plantes et du corps excite les ferments.
    Quiconque mange outre mesure
    Durant les chaleurs de l'été,
    Est l'ennemi de sa sante.
    Ménagez-vous durant l'automne,
Et ne vous fiez point aux pièges de Pomone.
    L'hiver vous met en sûreté,
    Suivez votre appétit en toute liberté.

―――――

Des qualités du pain.

De votre table il faut exclure
Le pain sortant du four et le pain qui mollit,
    Le biscuit sec, les pâtes en friture.
    En fait de pain, le sage le choisit
D'un bon grain, peu salé, bien pétri, la levure
    Y doit toujours par la cuisson
    Produire des yeux à foison.
Une croûte trop sèche engendre trop de bile.
Préférez-lui la mie, à broyer plus facile.
Que le pain soit bien cuit, leger, d'un bon levain.
    S'il n'est point tel, il n'est pas sain.

―――――

*Boire en mangeant , et ne pas boire entre
les repas.*

Voulez-vous qu'un dîner soit sain et profitable,
Ne mangez point à sec, humectez en buvant,
    Mais à petits coups et souvent.
    Autant qu'il faut, buvez à table,
Mais pour vous bien porter, entre les deux repas,
    Sans grand besoin ne buvez pas.

De la chair du porc,

La chair de porc n'est jamais bonne ,
Si le bon vin ne l'assaisonne.
Sans vin, loin que le porc soit bon ,
Il vaut bien moins que le mouton.

2

Avec cette liqueur j'opine
Pour qu'on en mange librement.
Il purgera bénignement :
Ajoutez-y l'oignon , c'est une médecine.

Des oiseaux bons à manger.

Mangez la poule , le chapon ,
La caille , le faisan , la tendre gelinotte ,
Le merle , la perdrix , le pluvier , le pinson
Et la sarcelle qui barbotte.

De l'oie.

L'oie est un animal stupide ,
Qui doit être sans cesse en un séjour humide.
Il la faut abreuver, l'axiome en est certain.
Vive , elle veut de l'eau , morte , elle veut du vin.

Du canard.

Un canard de rivière avec soin apprêté
Flatte un goût délicat ; j'ai fait l'expérience
des maux qu'en le mangeant cause l'intempérance.
Il faut de la sobriété ;
Je sais que quand on s'en écarte ,
Les horreurs de la fièvre quarte
Sont les tristes effets de cette volupté.

Des entrailles de quelques animaux.

Du cœur il faut que je proscrive
La chair indigeste et massive ;
Le ventricule également
Se digère mal-aisément ;
La langue , plus tendre et plus fine ,
De l'aveu de la médecine ,
Est un assez bon aliment ;
Le poumon se digère et passe promptement.
Toute cervelle est nourrissante ,
Celle de poule est excellente.

De l'anguille et du fromage.

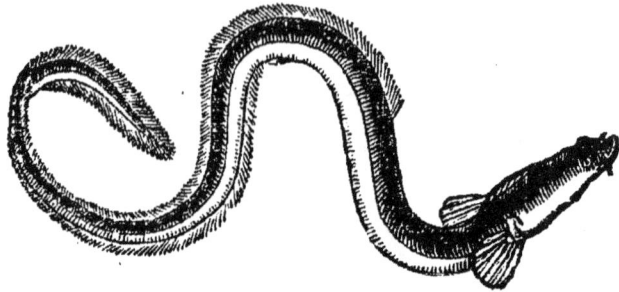

L'anguille avec la voix ne sympathise pas.
Les plus grands médecins s'accordent sur ce cas.
Des anguilles et du fromage
Manger trop cause du dommage ;
Mais si vous en mangez d'abord
Il faut les arroser, et boire un rouge bord.

———

Des poissons en général.

A l'égard des poissons, telle est notre doctrine.
Des poissons durs ou mous, les choix sont différents.
Des mous, préférez les plus grands ;
Des durs, les plus petits, la chair en est plus fine.

———

Des poissons en particulier.

La truite, le brochet, la carpe, le saumon,
La tanche, le rouget, la perche, le goujon,
La sole, la merlue, la plie et la limande,
Avec une sauce friande,
Font moins regretter les jours gras ;
Chacun dans la saison fournit d'assez bons plats.

Du sel.

Sur la table, outre la saucière,
Ayez devant vous la salière ;
Toute viande sans sel n'a ni goût, ni saveur.
Il chasse le venin, corrige la fadeur
Mais l'excès est à craindre, il affaiblit la vue
Et qui plus est, il diminue
Ce trésor onctueux, ce baume souverain,
Qui répare le genre humain.
Autre effet de l'abus, tout homme qui trop sale,
A le cuir sujet à la gale.

Du souper.

Si vous voulez le lendemain
Vous lever leger, frais et sain,
Vous devez fuir comme la peste,
Ces soupers d'apparat dont l'exemple séduit.
On boit avec excès les deux tiers de la nuit,

On force l'estomac. Une douleur funeste
En est presque toujours le déplorable fruit.
  A souper point de gourmandise.
En mangeant peu le soir, vous vous porterez mieux.
Le médecin l'assure, et sans qu'il vous le dise,
  Cette vérité saute aux yeux.

Commencer le repas par boire.

Buvez en commençant, vous suivrez un usage
  Qui ne peut être que fort sage.
Par un verre d'abord l'œsophage arrosé,
A ce qu'on mange ensuite ouvre un passage aisé.

Ne point changer le régime auquel le corps est accoutumé.

Avez-vous constamment suivi quelque régime,
L'habitude est formée, il faut la respecter ;
  Sans une cause légitime
  On ne doit point s'en écarter.
Quand la borne est posée, y toucher, c'est un crime,
Qui souvent coûte cher à qui l'ose attenter.
De tout déréglement le corps est la victime.
Le divin Hippocrate a déduit prudemment
Le tort qu'à la santé fait un dérangement
Que si vous méprisez cet avis salutaire,
  Tant pis pour vous, c'est votre affaire,
Mais ce ne sera pas sans doute impunément.

Du lait.

Aux gens que pas à pas conduit vers le tombeau
La phthisie ou la fièvre lente ,
On ordonne le lait de chèvre ou de chameau ,
Ou celui de jument comme chose excellente ;
Mais si d'une migraine on ressent les douleurs ,
Si sur le corps la fièvre exerce ses rigueurs ,
Du lait apprenez que l'usage ,
Fait moins de bien que de dommage.

Du beurre et du petit lait.

Le beurre aux fiévreux interdit ,
Par son baume onctueux, lâche, humecte, adoucit.
Le petit lait pénètre , incise , ouvre la voie ,
Lave et fond les humeurs des vaisseaux qu'il net—
toie.

Du fromage.

Le fromage est froid, dur, astringent et grossier,
Avec d'excellent pain il faut l'associer.
Quand on le mange avec régime
C'est un fort bon manger pour qui se porte bien
Pour un estomac cacochyme,
Tout bon qu'il est , il ne vaut rien.

Des noix, des poires et des pommes.

La noix dont j'avertis qu'il ne faut manger guère,
Est bonne à l'estomac, conforte ce viscère,
    Elle corrige le venin.
    La poire ne vaut rien sans vin.
    Si vous la mangez en compote,
    C'est un excellent antidote.
    Mais poire crue est un poison.
Vous pouvez là-dessus régler votre conduite.
Crue, elle charge trop l'estomac, étant cuite,
    Elle y porte la guérison.
    Quand on a mangé de la poire,
    Que le premier soin soit de boire.
Après la pomme allez dans quelque lieu secret,
Où vous puissiez en paix laisser votre paquet.

Des cerises.

La cerise a pour la santé,
    Plus d'une bonne qualité.
C'est un des meilleurs fruits que produise la terre,

Il purge l'estomac, il forme un sang nouveau,
Et l'amande qu'on trouve en cassant son noyau,
Délivre les reins de la pierre.

Des prunes.

Fraîche ou sèche, la prune offre un double profit,
Car elle lâche et rafraîchit.

Des figues.

Crue ou cuite, la figue est un fruit des meilleurs
Elle nourrit, engraisse, et sert en médecine.
Elle lâche le ventre, adoucit la poitrine,
Et guérit beaucoup de tumeurs.
Pour les glandes, l'abcès, même les écrouelles,
Son cataplasme a fait les cures les plus belles.
Joignez-y le pavot, elle aura la vertu
De retirer des chairs un morceau d'os rompu.

Mauvais effets de l'excès des figues.

Quoique les figues soient si bonnes,
Gardez-vous bien d'en faire excès.
Je ne le conseille à personne ;
Voici quels en sont les effets.
Son suc engendre d'ordinaire
Une humeur qui dispose au mal pédiculaire,
Met un pauvre homme en rut, l'excite à des efforts
Qui dans peu ruinent le corps.

Des herbes et légumes en général.

Des herbes et des pois (*) le suc vous fait du bien;
Mais quand il est tiré, le marc n'en vaut plus rien.

Du fenouil.

Le fenouil fait en nous quatre effets différents :
Il purge l'estomac, il augmente la vue,
De l'urine aisément il procure l'issue,
Du fonds des intestins il fait sorrir les vents ;
Mais sa graine a surtout la vertu singulière
　　　De les pousser par le derrière.

De l'anis.

L'anis est bon aux yeux, à l'estomac, au cœur.
Préférez le plus doux, c'est toujours le meilleur.

Le safran.

Le safran réconforte, il excite la joie,
Raffermit tout viscère, et répare le foie.

De la buglose.

Dans le vin que vous voulez boire,
Laissez la buglose infuser,

(*) Des pois chiches.

Son grand effet est d'appaiser
Le chagrin qu'au cerveau porte la bile noire ;
Aux gens que vous traitez, faites-en boire un peu;
Ils se mettront en train , et vous verrez beau jeu.

***

De la bourrache.

Le jus de la bourrache excite aussi la joie.
Pour les maux d'estomac , les palpitations ,
Maux de cœur, altérations ,
Fort utilement on l'emploie.

***

Des épinards.

Pour prévenir les tristes cas
Que peut causer en vous l'épanchement de bile ,
Les épinards sont bons , ne les négligez pas ;
Aux estomacs fort chauds l'usage en est utile.

***

Des oignons.

Mais parlons un peu de l'oignon
Est-il sain d'en user ? L'un dit oui ; l'autre , non.
Galien en défend l'usage aux colériques ,
Et le permet aux phlegmatiques.
Asclepius le vante et soutient qu'il est bon,
Surtout pour l'estomac , et même il le conseille
Pour donner au visage une couleur vermeille.
De cheveux un chef dépouillé ,
Pourvu que la jeunesse aide encore la nature ,
En le frottant souvent de jus d'oignon pilé ,
Recouvrera sa chevelure.

Des poireaux.

Poireaux mangés en quantité,
Rendent une femme fertile,
Sans eux telle eût été stérile,
Qui leur doit sa fécondité.
D'un saignement de nez le remède est facile,
Par le jus des poireaux il peut être arrêté.

Des mauves.

La mauve, émollient fourni par la nature,
Des intestins aide la fonction.
Moyennant sa décoction,
D'un pauvre constipé, la délivrance est sûre.
De ses racines la râclure
Au ventre rend la liberté,
Sert au beau sexe, et lui procure
Le retour de ses fleurs d'où dépend sa santé.

Du cerfeuil.

Le cerfeuil mondificatif
Pour guérir un cancer est un bon détersif.
Broyez avec du miel, il faut que le mal cède
A la vertu de ce remède.
Infusé dans du vin, le cerfeuil est vanté
Contre les douleurs de côté.
Autre usage ; le cerfeuil aide
Et souvent rétablit l'estomac dévoyé,
Quand sur l'endroit malade on l'applique broyé.

De la sauge.

Pour raffermir la main tremblante ,
Pour conforter les nerfs, la sauge est excellente ;
Et d'une fièvre aigue elle arrête l'accès.
La lavande , la tanaisie ,
La primevère , le cresson ,
La sauge , le castor, donnent la guérison
Aux membres attaqués par la paralysie.
L'usage de la sauge est si grand , qu'il est bon
D'en avoir en toute saison.
Aussi dans la langue latine ,
Son nom du mot *sauver* tire son origine.

De la rue.

La rue est bonne aux yeux, elle les rend meilleurs ,
Traite diversement les hommes et les femmes ;
Dans l'homme de l'amour elle éteint les chaleurs ,
De la femme au contraire elle excite les flammes.
Autre usage ; Prenez la peine
D'en faire cuire en eau de pluie ou de fontaine ;
Gardez cette eau , tout lieu que l'on en frottera ,
De longtemps des puces n'aura.

De l'aulnée.

Aux entrailles l'aulnée est saine et bienfaisante.
A bien des maux elle a remédié.
Au jus de rue associé ,
On prétend que son jus a la vertu puissante
De guérir un mortel qu'afflige une descente.

De l'avronne et de la scabieuse.

Pour purger l'estomac l'Avronne est précieuse.
Mais à quoi ne sert point l'utile scabieuse !
Elle est bonne aux vieillards, adoucit les poumons,
Corrige l'estomac, conforte la poitrine,
Appaise du côté la douleur intestine ;
Son jus pris dans du vin dissipe les poisons.

Du cresson.

Prenez jus de cresson, frottez-en vos cheveux ;
Ce remède les rend plus forts et plus nombreux,
Appaise les douleurs des dents et des gencives,
     Dartres farineuses ou vives,
S'en vont, quand par son suc avec miel apprêté,
     On corrige leur acreté.

De l'absinthe.

Prêt à vous embarquer, buvez du vin d'absinthe,
Contre les maux de cœur c'est un préservatif.
Du nître de la mer, de son air purgatif
Vous n'aurez tout au plus qu'une légère atteinte.
De chasser les serpents l'absinthe a la vertu,
Elle émousse les traits du poison qu'on a bu,
Conforte l'estomac et les nerfs. Aux oreilles
Mêlée au fiel de bœuf, elle fait des merveilles,
     Et corrige parfaitement
     Leur incommode tintement.

Remèdes contre les venins.

Poire, rue, ail, raifort, noix avec thériaque,
Repoussent du venin la dangereuse attaque.

Du poivre.

Au poivre noir, soit entier, soit en poudre,
    Donnez les flegmes à dissoudre,
    Il aide à la digestion.
Pour l'estomac le poivre blanc est bon.
Il adoucit une toux violente,
Appaise les douleurs, et d'une fièvre ardente
    Détourne le cruel frisson.

Du dormir.

Réservez à la nuit un sommeil limité.
Pour un vieillard, pour un jeune homme,
Dormir sept heures d'un bon somme,
C'est bien assez pour la santé.

Mauvaises suites d'un vent retenu.

De lâcher certains vents , on se fait presque un
                               crime ,
       Et toutefois qui les supprime
Risque l'hydropisie et la convulsion.
Les vertiges cruels , les coliques affreuses
Ne sont que trop souvent les suites malheureuses
       D'une triste discrétion.

Usages qui entretiennent la santé.

D'abord lavez vos mains dans une eau fraîche et
                              claire ,
Bassinez-en vos yeux pour les bien rafraîchir.
Un peu de promenade est alors salutaire ,
Étendez jambes et bras pour les mieux dégourdir.
Peignez-vous les cheveux , décrassez-vous la tête,
       Nettoyez et frottez vos dents.
       Ces six points sont très-importants ;
Suivez-les chaque jour sans que rien vous arrête.
Le cerveau s'en ressent ; même de tout le corps
       Ils fortifieront les ressorts.

Suite.

Du bain entrez au lit. Quand vous sortez de table,
       Restez debout ou marchez quelques pas ,
Un peu de froid rendra l'estomac plus capable
       De digérer votre repas.

De ce qui peut causer la surdité.

S'endormir en sortant de table,
Ou par une autre extrémite,
Faire un rude travail avec activité ;
Et l'ivresse, autre excès non moins déraisonnable
Feront venir la surdité.

———————

Du mal de tête.

Vous sentez-vous un mal de tête ;
S'il vient d'avoir trop bu, la médecine est prête
Buvez de l'eau, c'est votre guérison.
Souvent d'un excès de boisson
Une fièvre aiguë est la peine.
Si le mal vient d'une migraine ;
D'eau de Morelle alors frottez-vous bien le front,
Le soulagement sera prompt.

———————

Eaux bonnes pour les yeux.

Prenez fenonil, verveine, éclaire, rose et rue,
On en distille une eau très-saine pour la vue.

———————

De ce qui gâte les yeux.

Le bain, le vin, l'amour, le vent, l'ail, la lentille,
Le poivre, les oignons, les fèves, les poireanx,
La moutarde, les pleurs, le soleil quand il brille,
La poussière, le feu, le heurt, les grands travaux,
Aux yeux causent bien du dommage,
Veiller, nuit encore davantage.

3

De ce qui récrée les yeux.

Vous récréez vos yeux, quand vous leur faites voir
La verdure des champs, l'eau coulante, un miroir.
Tel aspect leur est salutaire.
Variez ces objets. Offrez-leur, pour bien faire,
Des côteaux le matin, et des ruisseaux le soir.

Contre le mal de dents.

Afin de conserver vos dents,
Mettez sur la braise allumée
La graine de poireau, la jusquiame et l'encens ;
Et par un entonnoir prenez-en la fumée.

De l'enrouement.

Anguilles et fruits crus, rhume, huile et vieilles noix
Rendent rauque une belle voix.

Remèdes contre le rhume.

Pour chasser un rhume bien vite,
Veillez, tenez-vous chaudement.
Travaillez, mangez peu, buvez bien sobrement
Et vous en serez bientôt quitte.

Remède pour la fistule.

Mêlez le soufre à l'orpiment ,
Chaux et savon pareillement.
Dans la fistule qu'on en mette ;
En quatre fois la cure est faite.

Des diverses manières d'apprêter les viandes.

Quant aux viandes, surtout retenez pour principe,
Que le bouilli tout simple , aisément digéré ,
A tout ragoût doit être préféré.
La friture est malsaine , et le rôti constipe.
L'âcre purge, le cru fait enfler et grossit ;
Le salé dessèche et maigrit.

Des saveurs et de leurs qualités.

De ce que produit la nature
Pour remède ou pour nourriture

On peut par la simple saveur
Reconnaître aisément le froid ou la chaleur.
Le salé , l'amer, l'âcre échauffent , au contraire
Toute chose aigre rafraîchit.
L'âpre resserre et rétrécit.
L'insipide et le doux sont un suc salutaire ,
Qui purifie , humecte , et d'un commun aveu ,
Entre les deux excès tient un juste milieu.

Des pois.

Faut-il louer les pois , ou faut-il qu'on les blâme ?
Ce légume en sa peau n'est pas sain , il enflamme.
Otez-la lui , sans nul danger,
Ce légume se peut manger.

Des fèves.

Jamais la fève ne fut bonne
Pour ceux que la goutte affaiblit ;
On tient même qu'elle la donne ,
Plus d'un savant auteur l'a dit.

Des choux.

Les choux sont astringents , leur jus est laxatif,
Un bon potage aux choux est un doux purgatif.

Recette pour les sauces.

Pour vous faire une sauce aisée, appétissante,
Prenez sauge, persil, ail, poivre, sel et vin,
Mettez-en de chacun la dose suffisante.
    Cet assaisonnement est sain.

———

Du régime à prendre.

Dès le commencement, c'est au médecin sage
    De prescrire la quantité,
    Le choix, le temps, la qualité
    Des aliments dont vous ferez usage ;
De peur qu'en vous, d'abord un triste égarement
Ne gâte sans retour un bon tempérament.

Des pêches et des raisins.

L'ordre en est établi ; la raison nous le prêche ,
Il faut du vin avec la pêche.
A la noix joignez les raisins.
Le raisin sec à la rate est contraire ;
Aux poumons il est salutaire.
Contre la toux , contre les maux de reins ,
C'est un remède très-facile.
Outre qu'on en fait de bons vins ,
On peut encore le rendre utile ,
Pour un foie echauffé , contre une ardeur de bile ;
Enlevez-en la peau , tirez-en les pépins.

Des navets.

Ami de l'estomac , ami de la poitrine ,
Le navet a bon goût ; mais il donne des vents.
Il est diurétique et provoque l'urine ,
Le mal est qu'il gâte les dents.
S'il n'est pas assez cuit , des coliques affreuses
sont de sa crudité les suites douloureuses.

De la moutarde.

La moutarde , grain fort petit ,
Fort sec , fort chaud , excite l'appétit ;
Mais quiconque en prend trop , en est puni sur
Il en fait la grimace , il pleure. [l'heure ;

de **Jean de Milan.**

A cela près la sauce , où l'on met de ce grain ,
Purge la tête et chasse le venin.

De la menthe.

La menthe contre les vers , est remède efficace.
Au ventre , en l'estomac , elle agit , et les chasse.

De l'ortie.

L'ortie aux yeux du peuple , herbe si méprisable,
Tient dans la médecine une place honorable.
Qu'un malade inquiet dorme mal-aisément ,
Elle lui rend bientôt un sommeil secourable.
Contre un fâcheux vomissement
C'est un spécifique admirable.
Sa graine avec le miel abrège le tourment
D'une colique insupportable.
Le breuvage d'ortie étant réitéré ,
Adoucit de la toux le mal invétéré ,
Réchauffe les poumons , du ventre ôte l'enflure ,
Et de la goutte même appaise la torture.

Du saule.

Le saule est ami des ruisseaux.
La force de son suc en l'oreille introduite ,
Y fait mourir les vers , auteurs de mille maux.
Le fort vinaigre où son écorce est cuite ,

D'une péau qu'on en frotte extirpe lés poreaux.
Prise dans l'eau , sa fleur éteint la flamme impure
    Qu'allume la lubricité ,
Et dans l'homme à tel point réprime la luxure ,
Qu'il en vient l'impuissance et la stérilité.

Du tintement de l'oreille.

Le travail, de la faim la trop longue détresse ,
La chûte , un coup , un froid , un grand vomisse-
    Et surtout la fréquente ivresse ,   [ment ,
Font que l'oreille entend sans cesse
Un incommode tintement.

De l'aneth et de la coriandre.

L'aneth qu'avec l'anis il ne faut pas confondre ,
    Dissipe les vents , les tumeurs ,
    Même il a la vertu de foudre
D'un ventre gros et dur les mauvaises humeurs.
    Pour l'estomac vous pourrez prendre
    De la graine de coriandre.
Les vents à son approche, ou par haut, ou par bas,
Sortent à petit bruit , ou même avec fracas.

Des violettes.

Pour dissiper l'ivresse et chasser la migraine ,
    La violette est souveraine.

D'une tête pesante elle ôte le fardeau ,
Et d'un rhume fâcheux délivre le cerveau ;
    Guérit même l'épilepsie.

De l'hysope.

L'hysope avec succès purge les flegmatiques :
Bouillie avec du miel aide les pulmoniques ,
    Et par une vive couleur
    D'un teint corrige la pâleur.

De la méridienne.

Passsez vous , s'il se peut de la méridienne ,
Sinon faites qu'au moins les moments en soient
                   courts ,
Vous vous en abstiendrez , pour peu qu'il vous
                  souvienne
    Des maux qu'elle produit toujours.
    Les suites de cette habitude
Sont fièvres , fluxions , migraine et lassitude.

Des tempéraments simples.

Quatre tempéraments distinguent les humains.
    Le bilieux , le flegmatique ,
    Le sanguin , le mélancolique ;
On les peut reconnaître à des signes certains.

Rapport des quatre tempéraments, avec les quatre éléments.

D'une comparaison on se sert d'ordinaire ,
Pour trouver aux tempéraments
Des rapports aux quatre éléments.
On prétend que l'atrabilaire
A la terre ressemble un peu ,
Le flegme à l'eau , le sang à l'air, et la colère
Tient de la nature du feu.

Du tempérament bilieux ou colérique.

L'homme en qui la bile préside
Est vif, ardent , impétueux ,
Entreprenant , présomptueux ,
Et de préférences avide.
Il apprend fort légèrement.
Mange beaucoup , croît promptement.
Courageux , libéral , enclin à la colère ,
Il est hardi , malin , trompeur ;
De son esprit tel est le caractère.
Son corps est grêle et sec , sujet à la maigreur ,
Et son teint de la bile emprunte la couleur.

Le tempérament flegmatique.

Le tempérament flegmatique
Rend l'homme court et gros, d'une force modique,
Grand ami de l'oisiveté.

Ne croyez pas qu'à l'étude il s'applique ,
Ne rien faire et dormir fait sa félicité ,
Il a le sens bouché, sa démarche est très-lente ,
Le travail lui déplait , l'oisiveté l'enchante ,
Il abonde en pituite et crache fréquemment.
    Toujours dans l'engourdissement ,
Chez lui l'esprit , le cœur ne sont d'aucun usage.
La graisse qui reluit sur son large visage ,
    Indique son tempérament.

Le tempérament sanguin.

    L'homme de nature sanguine ,
    Volontiers plaisante et badine ;
    Gros et charnu suffisamment ,
    Il est curieux de nouvelles.
Toujours passionné pour le vin , pour les belles ;
Il brille en compagnie , et par son enjouement
    D'une table il fait l'agrément ;
    A quelqu'étude qu'il s'applique ,
    On est surpris de ses progrès.
Il ne se fâche point pour de petits sujets ,
    Et mal-aisément on le pique.
Il est bon , libéral , hardi , point querelleur ,
Amant vif , ami franc , voluptueux convive ,
Prêt à rire, à chanter, toujours de bonne humeur;
En lui d'un teint vermeil la couleur saine et vive,
D'un naturel sanguin dénote la vigueur.

Du tempérament mélancolique.

Reste l'humeur atrabilaire ,
La mélancolie autrement.
Cette humeur ordinairement
Fait les hommes pervers , sombres , prompts à
mal faire,
Taciturnes , sournois, fermes dans leurs propos ,
De tristes passions leur ôtent le repos.
Chagrins, jaloux , de tout avides.
Ce qu'ils ont, ils le tiennent bien.
Soupçonneux , il ne faut qu'un rien
Pour alarmer leurs cœurs timides ;
Ils ont l'esprit rusé , trompeur ,
De ce tempérament le jaune est la couleur.

Signes d'un sang trop abondant.

Si c'est le sang , l'œil sort , le visage est enflé ,
Le pouls est fréquent, plein , la langue est altérée.
A grands coups de marteau le front est ébranlé.
D'un rouge vif la peau partout est colorée.
Le ventre est constipé, ce que l'on crache est doux ;
L'âcre , l'amer n'ont plus leurs véritables goûts.

Signes d'une bile trop abondante.

Si c'est l'ardent amas d'une humeur bilieuse
Qui dérange votre santé ;
Vous avez des maux de côté ,

La langue aride et raboteuse ,
　　D'oreilles un bruissement ,
Soif, colique , insomnie , déjection glaireuse ,
Nausées et maux de cœur avec vomissement.
Le pouls est mince, dur, bat vîte et fréquemment.
On a la bouche sèche et pleine d'amertume ,
　　Et cette bile qui s'allume
En rêve ne fait voir que feu , qu'embrasement.

Signes d'un flegme excessif.

Si du flegme chez vous la dose est excessive ,
Le palais dégoûté d'un torrent de salive,
　　Des meilleurs mets est dégoûté ,
On sent maux d'estomac , de tête et de côté.
Le pouls est faible , rare et sa marche est tardive,
Et cette aqueuse humeur, la nuit vous fait songer,
Que vous voyez une eau prête à vous submerger.

Signes d'une mélancolie trop abondante.

La peau noire , un pouls dur, une urine mal cuite,
Des grossières humeurs sont la funeste suite ;
　　Quand le sang en reçoit la loi
On est triste , inquiet , agité, plein d'effroi.
En rêve sous ses pas , on voit la terre ouverte.
Tout s'aigrit dans la bouche , et par d'aigres rap-
L'estomac avertit du levain qui du corps [ports,
　　A la fin causera la perte.
L'oreille gauche tinte, et ce bruit sans douleur ,
Marque dans un viscère un défaut de chaleur.

Sur la saignée.

Avant la dix-septième année ,
Ne vous pressez jamais d'ordonner la saignée.
Elle ôte trop d'esprits. Craignez l'épuisement
Qu'elle cause à coup sûr dans un âge aussi tendre.
Il est vrai que bientôt le vin peut les lui rendre ,
     Mais les humeurs par l'aliment
     Se séparent plus lentement.

Bons effets de la saignée.

Une saignée à propos faite ,
Rend la vue et plus forte, et plus vive, et plus nette,
Soulage l'estomac, dégage le cerveau,
Désopile un viscère , échauffe la moelle ,
Donne à l'ouie , à la voix une force nouvelle ,
Procure un doux sommeil , ôte un triste bandeau,
Et même de la parque allonge le fuseau.

Suite.

La saignée adoucit le courroux , la tristesse ,
     Et les transports dangereux ,
     Dont une fatale ivresse
     Agite un cœur amoureux.

Ce qu'il faut faire après la saignée.

Après la veine ouverte , il faut , s'il est possible,
Six heures résister aux charmes du sommeil.

Ses vapeurs agissant sur le corps trop sensible ,
Pourraient bien attirer un funeste réveil.

Sur le même sujet.

Ne mangez point d'abord. Surtout point de lai-
tage ,
Ne prenez point de froid. Nul excès de boisson.
C'est après la saignée un dangereux poison.
Si vous allez à l'air, qu'il soit pur, sans nuage.
A tout homme en tel cas le repos est très-bon ,
Et le moindre travail peut faire un grand dom -
mage.

SECRETS,

RECETTES ET REMÈDES

EPROUVÉS,

Transmis par le Vieux Druide de la Forêt
ménapienne , et autres personnages
renommés dans l'art de guérir.

AVIS IMPORTANT.

Dans le plus grand nombre des préparations qui sont indiquées et recommandées dans ce volume, les quantités ont été données en poids métriques.

Il convient donc de se rappeler que 500 grammes sont l'équivalent d'une livre ancienne, 31 grammes tiennent lieu d'une once, 4 grammes d'un gros ; un gramme équivaut à 18 grains, un décigramme à deux grains ; un centigramme représente un cinquième de grain, parconséquent un milligramme ne représente que la cinquantième partie d'un grain.

Il est prudent, lorsque les médicaments sont composés de drogues ou de produits chimiques, de les faire préparer par un pharmacien toujours plus capable qu'on pourrait l'être soi-même. Il n'est pas moins prudent d'entendre l'avis d'un médecin avant d'appliquer le remède à une maladie qui pourrait bien être toute autre qu'on l'imagine. Le médecin s'il est habile et consciencieux, ne trouvera pas mauvais qu'on lui indique un remède qui très-souvent ne sera pas connu de lui ; mais dont il jugera l'efficacité probable, par comparaison avec d'autres remèdes dont il aura fait usage.

SECRETS,

Recettes et Remèdes éprouvés pour la santé de l'homme.

Opiat térébenthiné pour guérir les névralgies.

Gomme arabique en poudre. . . . . . 50 gram.
Sucre en poudre . . . . 20 gram.
    Mêlez et ajoutez peu à peu :
Sirop de fleurs d'oranger. . . . . . . 40 gram.
Essence de térébenthine. . . . . 10 gram.
    On en prend 12 grammes trois fois par jour.

Peau divine contre les névralgies rhumatismales

Poix résine . . . . 120 gram.
   — de Bourgogne. . . . . 40 gram.
Cire jaune. . . . . ⎫
Suif de mouton . . . . . ⎬ de chaque 20 gram.
Térébenthine de Vénise . ⎭
Huile d'olives , ... 10 gram.
    Faites fondre , passez , étendez sur la peau. En application contre les névralgies rhumatismales.

Liniment contre les rhumatismes.

Huile blanche. . . . . 60 gram.
Ammoniaque . . . . 8 gram.

Mêlez dans une bouteille que vous tiendrez bien bouchée.

Autre.

Huile blanche.	60 gram.
Ammoniaque . . . . , ...	8 gram.
Camphre.	4 gram.

Faites dissoudre le camphre dans l'huile. Introduisez la dissolution dans une bouteille , ajoutez l'ammoniaque , bouchez et agitez.

Autre.

Baume de Fioraventi. . . . } de chaque 60 gram.	
Huile d'olives . . . .)	
Alcool camphré, ...	30 gram.
Ammoniaque	4 gram.

Mêlez.

Autre.

Alcool camphré.	100 gram.
Ammoniaque liquide.	25 gram.
Laudanum Sydenham	25 gram.

Mêlez. En frictions avec de la flanelle dans les cas de tétanos.

Liniment contre les engelures.

Camphre.	20 gram.
Ammoniaque liquide	20 gram.
Alcool rectifié.	300 gram.
Essence de camomille	3 gram.
═══ de genièvre	3 gram.

Ceinture antirhumatismale.

Camphre. . . . . 5 gram.
Benjoin. . . . .⎫ de chaque 10 gram.
Euphorbium . . . . ⎭
Chlorhydrate d'ammoniaque . . . . . 20 gram.

Faire une poudre fine bien homogène, et en saupoudrer une couche mince de ouate de 10 à 12 centimètres environ de longueur, renfermée dans une double feuille de flanelle, et piquée légèrement avec celle-ci, pour éviter que le tout ne vienne à se masser.

Contre les douleurs rhumatismales du tronc. Appliquer la ceinture sur la peau correspondant au siège des douleurs.

Potion contre le scorbut.

Décoction de quinquina. . . . . 150 gram.
Alcoolat de cannelle . . . . 60 gram.
Sirop de pavot blanc . . . . 30 gram.
Extrait de quinquina . . . . 25 gram.

Contre le scorbut parvenu à un haut degré, a la dose d'une cuillerée, toutes les demi-heures.

Potion antiscrofuleuse (humeurs froides, écrouelles, mal de S.t Marcou).

Chlorure de barium. . . . . 1 décig.
Eau distillée . . . . 200 gram.
Sirop de sucre . . . . 50 gram.

Mêlez. A prendre par cuillerées, 3 à 4 par jour.

Lotion contre la gale dont on employera 60 grammes par friction.

Savon blanc râpé . . . . 60 gram.
    Faites dissoudre dans
Alcool rectifié. . . . . 1000 gram.

———————

Bains sulfureux pour guérir la gale , les autres maladies de la peau et les rhumatismes.

Dans une quantité suffisante d'eau tiède , faites dissoudre 120 grammes de sulfure de potasse.
    Six bains d'une heure suffisent ordinairement.

———————

Lotion à employer contre les dartres rebelles.

Chlore liquide . . . . 100 gram.
Eau pure. . . . . 50 gram.
    Mêlez et employez en topique , à l'aide d'un plumasseau de charpie.

———————

Pommade de suie contre la teigne.

Suie. . . . . 5 gram.
Axonge . . . . 20 gram.
    Mêlez.
    Contre les dartres ulcérées , la teigne , etc.

Autre.

Suie de bois en poudre. . . } de chaque 50 gram.
Axonge . . . . }

Mêlez. Pour appliquer en onctions sur les parties affectées , après avoir préalablement fait des lotions avec la décoction suivante :

Suie tamisée . . . . 40 gram.
Eau . . . . 160 gram.

Faites bouillir pendant demi-heure , passez.

Employée avec succès par divers médecins distingués , dans le traitement de la teigne et des dartres.

Autre.

Suie en poudre fine . . . . 60 gram.
Sulfate de zinc . . . . 30 gram.
Axonge. . . . . 150 gram.

Mêlez. Faites deux frictions par jour, avec gros comme une petite noix.

Pommade contre la teigne.

Oxyde rouge de mercure . . . . 10 gram.
Carbonade de soude sec. . . . . 16 gram.
Sulfate de zinc . . . . 6 gram.
Tuthie . . . . 4 gram.
Fleurs de soufre . . . . 16 gram.
Axonge . . . . 125 gram.

Mêlez exactement. Enduire le soir les parties malades avec cette pommade , et les laver le lendemain avec de l'eau de savon chaude. (Cette pommade a toujours réussi à l'hôpital des Enfants malades).

Poudre contre la teigne.

Cendres de bois neuf. . . . . 100 gram.
Charbon porphyrisé . . . . 50 gram.
On fera varier la quantité de charbon suivant l'alcalinité des cendres et la susceptibilité des malades. On saupoudre chaque jour la tête du malade avec cette poudre.

Lavement pour calmer la diarrhée.

Tête de pavot . . . . 20 gram.
Eau bouillante. . . . . 500 gram.
Ouvrez les têtes de pavot , rejetez les semences et divisez le péricarpe en petites parties ; versez dessus l'eau bouillante; laissez infuser pendant deux heures et passez.

On délaie dans ce lavement seize grammes d'amidon en poudre , et on a le *lavement* de *pavot et d'amidon* si utilement employé dans les hôpitaux de Paris.

Remède contre le tœnia ou vers solitaire.

La veille au soir le malade mange une panade. Le matin il avale 12 gram. de racine de fougère mâle en poudre très-fine , et délayée dans 190 grammes de tisane de fougère. Deux heures après il prend un bol purgatif composé de :

Calomélas. . . . . } de chaque 5 décigr.
Résine de scammonée . . . }
Gomme gutte. . . . . 3 décigr.
Confection d'hyacinthe , quantité suffisante.

Divisez en trois bols égaux. Un pour les enfants, deux pour les personnes nerveuses et délicates , et trois pour les adultes vigoureux , et à un quart d'heure de distance les uns des autres.

Autre.

Huile de ricin . . . . 60 gram.
Essence de térébenthine . . . . 15 gram.
Eau distillée de menthe . . . . 60 gram.
Sirop de sucre . · . . . . 30 gram.
Gomme arabique. . . . . 10 gram.
A prendre en une fois , le matin , à jeûn.

Eau contre la migraine.

Camphre . . . . 30 gram.
  Dissolvez dans :
Alcool à 22 degrés . . . . 250 gram.
  Ajoutez :
Ammoniaque liquide. . . . . 60 gram.
Huile d'anis. . . . . 8 gram.
On fait respirer ce mélange , et on en applique sur le front des compresses imbibées.

Autre.

Ammoniaque liquide	100 gram.
Eau distillée	900 gram.
Sel marin.	20 gram.
Camphre	2 gram.

Essence de rose , quantité suffisante.

Faites dissoudre.

On trempe dans cette eau le linge que l'on applique ensuite sur la partie du crâne que le malade indique comme le siège de la douleur , en ayant soin de recouvrir d'un bandeau épais les arcades sourcilières , crainte que quelques gouttes du liquide ne se glissent jusque dans les yeux.

Essence contre le mal de tête.

Camphre	60 gram.
Ammoniaque liquide	200 gram.
Alcoolat de lavande.	1/2 litre.

Mêlez l'ammoniaque avec l'alcoolat de lavande , distillez au bain-marie, et ajoutez le camphre dans le produit de la distillation. — Employez en frictions sur le front , dans les cas de migraine ou de cephalagie.

Huile contre la surdité.

Créosote.	5 gram.
Huile d'amandes.	20 gram.

On en introduit quelques gouttes dans l'oreille malade matin et soir avec un pinceau.

Collyre contre les taies de la cornée des yeux.

Potasse à la chaux. . . . . 1 décigr.
    Faites dissoudre dans :
Eau distillée. . . . . 40 gram.
    Une goutte ou deux, trois fois par jour, sur les taies.

Autre.

Aloès succotrin. . . . . 3 décigr.
Sucre . . . . 4 gram.
    Pulvérisez et mêlez. Insufflez une pincée, à l'aide d'un tuyau de plume, entre les paupières écartées.

Poudre contre le goître.

On réduit des éponges fines en poudre après les avoir torréfiées le moins possible. Il ne faut pas du tout les charbonner, mais tellement ménager le feu que la poudre obtenue conserve la couleur rousse de l'éponge. C'est une condition indispensable pour le succès, car l'éponge torréfiée au noir a perdu son iode et devient inefficace.
Poudre d'éponge de couleur rousse. . 20 gram.
Chlorhydrate d'ammoniaque . . . . 1 gram.
Charbon végétal . . . . 1 gram.
    Mêlez. Administrez par prises de 1 gram. Aux malades âgés de plus de dix ans, on en donne 3 gram. par jour : 1 le matin, 1 à midi, l'autre le soir. On porte la dose au fond de la bouche avec une cuillère à café, et on fait avaler la poudre

toute sèche. De nombreuses expériences ont prouvé l'efficacité de ce remède.

Cette préparation peut remplacer la *poudre de Sency*, précieux remède dont l'Académie de médecine a constaté l'efficacité pour combattre le goître.

Collier contre le goître.

Hydrochlor. d'ammoniaque ..
Chlorure de sodium décrépité. } de chaque 50 g.
Eponge calcinée et non lavée.

Pulvérisez ces trois substances ; faites-en un mélange exact que vous répandrez sur une carde de coton disposée en cravate; enveloppez le tout d'une mousseline que vous piquerez en losange, et appliquez autour du cou.

Gelée pour fondre le goître.

Cette gelée s'emploie en frictions. En voici la préparation :

Mélangez d'abord
Iodure de potassium. . . . . . **16** grammes.
Alcool à 20 degrés d'autre part. **64** —
Ensuite prenez
Savon blanc. . . . . **24** —
Alcool à 20 degrès . . . . . **64** —

Dissolvez à l'aide d'une douce chaleur ; mêlez cette dissolution encore chaude avec la précédente, aromatisez avec quelques gouttes d'essence de roses ou de lavande, et distribuez dans des flacons à large ouverture, que vous boucherez avec soin. On obtient ainsi une gelée qui se conserve longtemps sans que l'iodure de potassium s'altère, comme cela arrive dans les pommades dont il fait partie.

On peut augmenter ou diminuer à volonté la proportion d'iodure de potassium.

Eau d'arquebusade pour guérir les contusions.

Alcool rectifié . . . . . } de chaque 750 gr.
Vinaigre d'Orléans. . . . }
Acide sulfurique faible . . . . 150 gr.
Sucre blanc. . . . . 200 gr.

Mêlez et conservez.

On applique des compresses imprégnées de cette liqueur sur les parties nouvellement contuses.

Onguent pour les hémorrhoïdes , dont on oindra légèrement , trois ou quatre fois par jour , toutes les parties malades.

Onguent d'althea . . . . . }
— Populeum . . . } Mélange de quan-
— Rosat . . . . . } tité égale de chaque.
Miel. . . . . }

Pilules contre l'épilepsie.

Sous-nitrate de bismuth. . . . . . . 1 gram.
Extrait de quinquina. . . . . 2 gram.
— de jusquiame . . . . 5 décigr.

Faites 12 pilules , à prendre 2 par jour.

Liniment pour traiter le cholera.

Essence de térébenthine . . } de chaque 50 gr.
Ammoniaque liquide. . . .

Mêlez. Employé en frictions et en application sur la colonne vertébrale , dans les cas de choléra ou de tétanos.

Potion contre le croup.

Emétique. . . . . 1 décigr.
Sirop d'ipécacuanha . . . . 30 gram.
Oxymel scillitique. . . . . 10 gram.
Infusion de polygala . . . . 150 gram.

Par cuillerées pour faciliter l'expulsion des fausses membranes.

Autre.

Camphre . . . . 25 milligr.
Tartre stibié . . . . 10 centigr.
Vin d'ipécacuanha. . . . . . 3 gram. 40 cent.
Mucilage. . . . . 10 gram.
Sirop de guimauve. . . . . 25 gram.
Eau distillée . . . . 60 gram.

On donne toutes les 10 minutes une cuillerée de cette potion ; dans l'intervalle on fait boire de l'eau tiède.

Cérat contre le croup et les angines.

Cérat solide . . . . 40 gram.
Carbonate d'ammoniaque concret . . 5 gram.

Mêlez exactement et promptement dans un mortier de marbre.

En frictions sur le cou , à la dose de 4 gram. toutes les quatre heures.

Potion contre la coqueluche.

Nicotiane . . . . 1 gram.
Faites infuser dans eau. . . . . . 200 gram.
Ajoutez sirop d'orgeat . . . . . . 40 gram.

Cette potion est administrée aux enfants de un à deux ans, par cuillerée à café, toutes les heures; aux enfants plus âgés deux cuillerées à café, et de huit à dix ans une cuillerée à bouche.

Remède contre la phthisie.

On insiste avec beaucoup de raison sur les avantages d'un régime corroborant d'une alimentation fortement réparatrice, sur l'utilité de l'exercice, de l'insolation, du grand air. On cite des cas de guérison obtenus par ces moyens et l'emploi du sel marin à dose graduée.

Voici la formule qu'on emploie :
Sel marin. . . . . 10 gram.
Tannin . . . . 10 gram.
Conserve de rose, quantité suffisante.

Pour faire 100 pilules. A prendre une pilule toutes les heures pendant un mois. On fait en même temps usage de l'infusion de quinquina, du cresson et d'une alimentation forte.

Guérison de plusieurs cas de phthisie pulmonaire, au moyen de l'huile de foie de morue ou de raie.

M. Vingtrinier, vice-président de la Société d'émulation de Rouen, a communiqué dernièrement à cette Société les résultats qu'il avait obtenus de l'emploi de ces deux remèdes. D'après les nombreuses observations recueillies depuis deux années par M. Vingtrinier , ce n'est pas sans raison que tous les médecins du Nord ont une très-grande confiance en l'huile de foie de morue ou de raie. Il assure que foi entière doit être attribuée à ce qui a été dit de l'action de ses agents. C'est spécialement dans les maladies du système lymphatique que l'huile de foie de raie ou de morue agit énergiquement. Il a déclaré l'avoir vu guérir des engorgements considérables , des glandes du mésenthère , les tubercules des poumons ou phthisie tuberculeuse au premier degré , des glandes du sein , et aussi les maladies des os. Il paraît qu'autrefois on connaissait ce remède , qui a dû être négligé à cause du dégoût insurmontable qu'il inspire. Sous ce point de vue , le docteur Vingtrinier donne la préférence à l'huile de foie de raie , dont le goût est bien moins désagréable que celle de foie de morue.

Autre moyen.

M. le docteur Fisher a annoncé à l'une des dernières séances de la Société médicale de Westminster , qu'il avait traité plusieurs phthisiques en leur administrant chaque jour , de bon matin, un émétique , et en associant à cette médication l'usage des toniques et des ferrugineux. Il affirme que , sous l'influence de ce traitement si simple , il a vu revenir à la santé plusieurs sujets , qui eussent infailliblement succombé s'ils eussent été abandonnés aux seules ressources de la nature, ou traités par les autres moyens ordinairement employés en pareil cas. Chez les sujets dont les poumons présentaient des cavités plus ou moins étendues par suite de la fonte tuberculeuse, cette médication avait pour effet de vider complétement ces cavités, d'en favoriser la cicatrisation, et de procurer aux malades un sommeil profond et véritablement réparateur. Les émétiques auxquels ce praticien a eu particulièrement recours, sont le tartre stibié, l'ipécacuanha, et, dans quelques rares circonstances, le sulfate de zinc ; il a prolongé leur emploi pendant six semaines consécutives.

Julep à employer par les vieillards dans les catarrhes pulmonaires chroniques.

Poivre blanc . . . . 2 gram.
Racine de polygala. . . . . 5 gram.
Hysope . . . . 5 gram.
    Faites infuser dans
Eau . . . . 200 gram.
Passez et ajoutez
Sirop de tolu . . . . 50 gram.
    Le prendre par cuillerées à bouche.

Emploi de la suie contre les brûlures graves.

Dans un cas de brûlure très-grave de l'avant-bras, M. le docteur Elers, ne pouvant parvenir à maîtriser la suppuration qui menaçait d'enlever le sujet, eut l'idée de recourir, en désespoir de cause, à l'emploi d'une forte décoction de suie d'après la formule suivante :

Prenez suie de cheminée une poignée.

Eau commune 1 litre ; faites bouillir jusqu'à réduction de 1/3 , et passez.

M. Elers imbiba avec ce décocté des gâteaux de charpie dont il recouvrit ensuite toute la surface suppurante.

Cette application , qui d'abord fit éprouver un léger picotement , amena des résultats tout à fait inespérés. En effet , le lendemain , au lieu d'un lac de pus , on trouva l'appareil sec et la plaie dans un état excellent. L'amélioration fit des progrès rapides dans les jours qui suivirent, la fièvre, qui avait existé jusque-là , disparut complétement , et enfin le malade ne tarda pas à recouvrer la santé.

Emploi de la flamme pour la guérison de plusieurs maladies.

La flamme d'une allumette en bois ou en papier étant instantanément appliquée sur la peau , produit une douleur assez vive qui s'évanouit aussitôt qu'elle a été produite. Presque toujours cette application dissipe promptement la douleur rhumatismale , goutteuse , ou d'une autre espèce Ce remède soulage immédiatement dans les différentes asphyxies , en attendant les remèdes applicables à chacune d'elles. Plusieurs fois aussi j'ai plus ou moins complétement dissipé les douleurs et les contractions convulsives de l'*aura epilectica* ; par ce moyen j'ai empêché ou considérablement retardé l'invasion de l'accès épileptique.   D.r V.***

Opiat contre les gonorrhées rebelles.

Térébenthine de copahu . } de chaque 200 gr.
Sucre. . . . . }
Gomme arabique. . . . . 50 gram.
Laque carminée . . . . 5 gram.
Eau de menthe poivrée , quantité suffisante.

Prendre matin et soir , 5 à 10 grammes enveloppés dans un morceau d'hostie mouillée.

Guérison radicale du mal de dents.

Frottez-vous les dents avec du tabac d'Espagne en poudre , de celui qui est connu sous le nom de *Sibella* ; il vous les nettoiera aussi bien que quelque poudre que ce soit , et détruira tout-à-fait le mal de dents ; prenez de plus l'habitude de vous laver tous les matins avec de l'eau froide derrière les oreilles. Le remède est infaillible.

Secours à donner aux noyés.

Sitôt qu'un noyé est retiré de l'eau , y fût-il plongé depuis cinq à six heures , administrez-lui les secours dont nous allons traiter plus bas ; la vie n'est peut-être pas éteinte en lui , et s'ils sont bien dirigés , il y a de grandes chances de le rendre à la société. Ne perdez donc aucun moment ; le plus petit retard apporté à le soigner peut lui être fatal.

Commencez, s'il est possible, le traitement sur les lieux ou dans l'endroit le plus voisin. Couchez le noyé sur le côté droit, sur un lit de paille ou un matelas, la tête découverte et un peu relevée, en évitant soigneusement de lui donner de fortes secousses. Inclinez un instant sa tête, en la soutenant par le front, après lui avoir écarté les mâchoires, afin de lui faire rendre l'eau et les mucosités qui lui remplissent la bouche. Il serait utile dans cette occasion que quelqu'un voulût bien, en comprimant entre deux doigs le nez du noyé, appliquer exactement sa bouche sur la sienne et aspirer ces liquides, en les rejetant au fur et à mesure. On promènera ensuite sous le nez plusieurs allumettes bien soufrées, en combustion, ou un flacon d'alcali-volatil débouché, afin d'irriter l'intérieur de cet organe. — Pendant que ces secours s'administreront, une autre personne cherchera à réchauffer lentement le malade à l'aide d'une vessie remplie d'eau chaude appliquée sur le ventre, de briques chaudes apposées à la plante des pieds, aux creux des aisselles, aux aines ; de sachets remplis de cendres, d'un fer à repasser ou d'une bassinoire promenée à la surface du corps. On comprimera ensuite alternativement la poitrine et le bas-ventre, et on fera des frictions générales avec de la flanelle chaude, ou même la main. A ces frictions, on en fera succéder d'autres faites avec des flanelles imprégnées d'eau-de-vie camphrée, etc. On chatouillera pendant ce temps les lèvres et l'intérieur des narines avec une plume ou quelque autre corps léger, et on administrera un lavement dans lequel on aura fait fondre un quarteron de sel de cuisine

et mêlé un verre de vinaigre. — Si ces soins ne
paraissent produire aucun effet, on brûlera sur le
creux de l'estomac, sur les cuisses ou sur les bras,
de petits morceaux d'amadou, de liége ou de papier. — Si le noyé est sans connaissance et que le
visage soit rouge, violet ou noir, les yeux étince-
lants, les membres flexibles et chauds, on prati-
quera une saignée aux pieds et à la jugulaire ; si au
contraire le corps est froid et les membres raides,
on se gardera bien de l'employer. — Voilà les premiers secours à administrer aux noyés en l'absence
du médecin. On doit les continuer avec persévérance pendant 6, 8 ou 10 heures même ; on a vu
des noyés revenir à la vie après huit heures de
mort apparente.

De la Rage.

On donne le nom de rage à l'ensemble des phénomènes qui résultent, chez l'homme, de la morsure des animaux enragés. Elle a souvent été dési-
gnée sous le nom d'*hydrophobie* (qui signifie horreur de l'eau) ; mais cette aversion pour les liquides se manifestant dans diverses affections nerveuses, le mot *hydrophobie* doit plutôt désigner un
des symptômes de la rage que la rage elle-même.

Cette maladie est susceptible de se développer
spontanément dans le chien, le loup, le chat et le
renard, qui peuvent la transmettre ensuite aux
autres quadrupèdes ou à l'homme ; mais il n'est
pas prouvé qu'elle survienne sans morsure préala-
ble dans les animaux des autres espèces, ni que

CHIEN ENRAGÉ.

ceux-ci puissent, lorsqu'ils ont été mordus, la communiquer à d'autres individus.

Quelques médecins ont regardé la rage comme étant, dans tous les cas, l'effet d'une imagination fortement frappée ; mais l'opinion générale attribue cette redoutable maladie à l'action d'un virus particulier déposé dans la plaie faite par morsure, soit que le virus agisse en déterminant une irritation toute fixée dans l'endroit de la blessure et qui donne ensuite lieu à une névrose générale, soit qu'au bout d'un temps indéterminé, le virus lui-même, absorbé et mêlé au sang, produise une infection générale.

Si nous ne nous abusons pas dans nos espérances et dans nos vœux, on pourrait, au moyen d'un avis au peuple, souvent répété, et de la manière la plus persuasive, établir une harmonie salutaire entre les soins, que le blessé peut se donner lui-même dans les premiers instants, et ceux qu'il peut recevoir ensuite de l'art; cette harmonie prouverait, par ses triomphes, que la médecine est la véritable science de l'homme autant que l'exercice de toutes les vertus.

La rage est une maladie aiguë, caractérisée par des accès de fureur, des envies de mordre souvent, accompagnée de l'horreur de l'eau et des poissons, et quelquefois de convulsions à l'aspect des corps brillants et lumineux.

Remède du docteur Buisson, contre la rage.

Quand une personne a été mordue par un chien enragé, faire prendre sept bains de vapeurs (un par jour) , dits à la russe , de 40 à 50 degrés ; faire suer le malade pendant 40 jours, la nuit seulement , en l'enveloppant nu dans une couverture de laine, et le couvrant d'un matelas ou d'un lit de plumes pour faciliter la transpiration , faire boire au malade très-fréquemment une décoction de salsepareille chaude pendant les repas , et de l'eau rougie après les repas , lui faire faire beaucoup d'exercice ; aucun régime n'est nécessaire pour la nourriture. Cela est le remède préventif. Quand la maladie est déclarée , il ne faut qu'un bain de vapeur monté rapidement à 30 degrés Réaumur , puis lentement à 50 ; le malade doit se tenir bien renfermé dans sa chambre , jusqu'à ce qu'il soit complètement guéri,

On l'avait appelé pour donner des soins à une hydrophobe qui touchait à la crise finale de la maladie. Il la saigna et s'essuya les mains avec un mouchoir imprégné de la salive de la mourante. Au doigt indicateur de la main gauche , il avait une petite plaie où la chair était à nu; il reconnut aussitôt son imprudence ; mais , confiant dans le procédé qu'il venait de découvrir récemment, il se contenta de se laver avec de l'eau : « Croyant , dit M. Buisson , que la maladie ne se déclarerait qu'au quatrième jour , et ayant beaucoup de malades à visiter , je remettais de jour en jour à prendre de mon remède , c'est-à-dire des bains de vapeur ; le neuvième jour , étant dans mon cabriolet , je sentis tout-à-coup une douleur à la gorge et une plus grande encore dans les yeux , mon corps me paraissait si léger , que je croyais qu'en sautant j'aurais pu m'élever à une hauteur prodigieuse , ou qu'en m'élançant d'une croisée, j'aurais pu me soutenir en l'air ; mes cheveux étaient si sensibles, qu'il me semblait que sans les voir j'aurais pu les compter ; la salive me venait continuellement à la bouche ; l'impression de l'air me faisait un mal affreux, et j'évitais de regarder les corps brillants ; j'avais une envie continuelle de courir et de mordre ; non les hommes, mais les animaux et tout ce qui m'entourait. Je buvais avec peine, et j'ai remarqué que la vue de l'eau me fatiguait plus que la douleur de gorge ; je crois qu'en fermant les yeux un hydrophobe peut toujours boire. Les accès me venaient de cinq minutes en cinq minutes, et je sentais alors la douleur partir du doigt indicateur et se propager le long des nerfs jusqu'à l'épaule.

« Pensant que mon moyen n'était que préservatif, et non curatif, je pris un bain de vapeur, non dans l'intention de guérir, mais pour m'étouffer. Lorsque le bain fut à une chaleur de 42 degrés, tous les symptômes disparurent comme par enchantement ; depuis je n'ai jamais rien ressenti. J'ai donné des soins à plus de quatre-vingts personnes mordues par des animaux enragés, toutes ont été préservées par mon moyen. »

M. le docteur Buisson cite ensuite plusieurs faits curieux. Un Américain avait été mordu par un serpent à sonnettes, environ à huit lieues de sa demeure ; voulant mourir au sein de sa famille, il court chez lui, se couche, sue beaucoup, et la plaie se guérit comme une plaie simple.

On guérit la tarentule par la danse ; la sueur entraîne le virus.

Si on vaccine un enfant, et qu'on lui fasse prendre un bain de vapeur, le vaccin ne prend pas.

Autre remède (1).

A Udine (Frioul), un homme près de succomber aux tortures de la rage avait été guéri par une singulière méprise. On lui avait , par erreur , fait avaler du vinaigre , au lieu de lui administrer la potion prescrite par le médecin. Un autre médecin à Padoue ayant eu connaissance de ce singulier fait, eut bientôt l'occasion de faire un nouvel essai de l'efficacité de ce remède sur un individu également attaqué de ce terrible mal. Il lui fit avaler du vinaigre du poids d'une livre ; la même quantité de cette liqueur fut encore administrée à midi , ainsi que vers le soir , et il eut la satisfaction de le voir sous peu entièrement rétabli.

Manière de s'assurer si un chien qui a mordu est enragé.

Fort souvent , un chien que l'on a soupçonné d'être attaqué de la rage , est tué après avoir mordu plusieurs personnes ou plusieurs animaux , et l'on reste pendant quelques jours , dans une cruelle incertitude. Voici le moyen d'éclaircir ses doutes à cet égard ; frottez la gueule , les dents et les gencives de l'animal mort , avec un peu de viande rôtie ou bouillie , et offrez cette viande , ainsi frottée , à un autre chien , il la mangera si le chien mort n'était point enragé ; mais , dans le cas contraire , il la refusera , et s'enfuira en hurlant.

---

(1) Nous engageons nos lecteurs à consulter pour toutes sortes de maladies , l'ouvrage intitulé : Le MÉDECIN DE LA FAMILLE, par L M. V , docteur.

RECETTES

ET PROCÉDÉS INDUSTRIELS,

AGRICOLES, SCIENTIFIQUES,

OU D'ÉCONOMIE DOMESTIQUE

Transmis par le vieux Druide de la Forêt Ménapienne, et autres savants per-sonnages.

RECETTES ET PROCÉDÉS

Industriels , Agricoles , Scientifiques , etc.

Alliages qui se fondent quand ils sont frottés ensemble.

Fondez deux parties de bismuth et quatre de plomb dans des creusets séparés , versez-les dans d'autres creusets contenant une partie de mercure chaque ; quand ils seront froids , ces alliages seront solides. Mais s'ils sont frottés l'un contre l'autre , ils entreront de suite en fusion et deviendront coulants.

Manière de dorer l'écriture et les gravures sur le papier et sur le parchemin.

Les lettres tracées sur le papier ou le vélin , se dorent de trois manières ; on mêle un peu de colle avec l'encre , et on écrit comme à l'ordinaire. Quand les tracés sont secs , on humecte légèrement avec l'haleine ceux que l'on veut dorer ; puis on applique immédiatement la feuille d'or , qu'une faible pression fait adhérer avec force ; on broie un peu de blanc de plomb ou de craie avec une dissolution de gomme concentrée , et on l'emploie pour tracer les lettres au moyen d'une brosse ;

quand elles sont sèches, on applique la feuille d'or
et on brunit ; enfin , on ajoute un peu de poudre
d'or à une dissolution de colle et on dessine les lettres avec un pinceau ; c'est, à ce qu'on croit , cette dernière méthode que suivaient les moines pour
dorer leurs missels , psautiers , etc.

Méthode simple pour graver sur le verre.

Donnez une couche de cire jaune au verre que
vous voulez graver , etc., et tracez les points
qui doivent être gravés. Plongez ensuite le verre
dans l'acide sulfurique, et saupoudrez-le de fluate
de chaux pulvérisée. Il se formera du sulfate de
chaux , et l'acide fluorique , mis à nu, se portera
sur la silice du verre , et corrodera toutes les parties qui ne sont pas recouvertes de cire.

Combustibilité du zinc.

Si vous jetez sur la flamme d'une chandelle de la
limaille de zinc , elle brûlera comme de la sciure de
bois. Cette combustion est très-belle , attendu que
chaque fragment scintille , et présente l'aspect d'un
point étoilé.

Mettez deux ou trois petits morceaux de zinc
dans un creuset , et chauffez au rouge ; ils s'en-
flammeront avec force , absorberont l'oxigène de
l'air, et dégageront des fumées blanches qui ne
sont que de l'oxide de zinc. Ce n'est qu'au rouge
que le zinc peut décomposer l'air avec quelque
énergie.

Si on projette le métal dans un creuset rouge , il brûle avec le plus vif éclat.

Une barre de zinc soumise à 250° devient malléable , susceptible de s'étendre sous le marteau , et de donner des feuilles qui , exposées à la flamme d'une chandelle , brûlent comme du papier. Elles dégagent des fumées blanchâtres qui ne sont que de l'oxide de zinc.

Quand les artifices ne doivent pas faire explosion , on ajoute avec succès aux ingrédients dont ils se composent de la limaille de zinc. Cette addition leur donne plus d'éclat , et fait succéder les scintillations l'une à l'autre.

Expérience curieuse au moyen de la limaille de fer.

Faites tomber sur une chandelle , au moyen d'une feuille de papier , de huit à dix pouces de haut , de la limaille de fer ; elle éprouvera une combustion des plus vives dès qu'elle pénétrera dans la flamme , et si on la recueille après l'opération , on trouvera qu'elle est complètement oxidée.

Boule portative pour le dégraissage du drap.

On pétrit , avec du suc de citron limpide , de la terre à foulon parfaitement sèche et presque pulvérulente , et on y ajoute une petite quantité de perlasse. On malaxe le tout avec soin , jusqu'à ce qu'il ait pris la consistance d'une pâte élastique épaisse, et on la façonne en petites boules qu'on laisse sécher au soleil Lorsqu'on veut les employer, on humecte d'abord la partie du drap tachée, on la frotte, et on laisse sécher au soleil, après quoi on lave à l'eau pure.

Conservation des œufs.

Pour transporter les œufs dans un état frais d'une contrée à une autre, il faut les couvrir de vernis, en les plongeant dans une solution de gomme arabique, et en les couvrant de charbon pulvérisé. La gomme arabique, comme vernis, fait un meilleur effet que tout autre gomme-résine ; car on peut aisément la faire disparaître en la lavant dans de l'eau tiède ou fraîche, et en outre elle est à bon marché. Les œufs traités de cette manière se conservent pendant plusieurs années, car le lit de charbon, par sa nature poreuse, est un mauvais conducteur du calorique, et maintient en conséquence autour des œufs une température égale ; il les empêche d'éprouver des alternatives de chaleur et de froid, lorsqu'on les transporte d'un climat à un autre. Cette méthode est infiniment préférable à celle de graisser les œufs ; car, lorsque la graisse devient rance, elle hâte ou avance la putréfaction de la matière animale de l'œuf.

Métal pour dorer.

Fondez ensemble quatre parties de cuivre , une de vieil airain de Bristol , et quatorze onces d'étain , pour chaque livre de cuivre.

Manière de faire l'or de Manheim.

Fondez ensemble trois onces et demie de cuivre, une once et demie d'airain et treize grains d'étain pur.

Dorure peu coûteuse.

Cette notice a pour objet une composition employée dans l'Inde pour imiter et remplacer la dorure. Les Moochées et les Nuqquashes , qui en font usage, la préparent de la manière suivante. Ils fondent de l'étain bien pur , et le versent liquide dans un bambou de deux ou trois pouces de diamètre ; ils le ferment aussitôt , l'agitent fortement, et réduisent ainsi l'étain en poussière impalpable verdâtre , qu'ils passent encore au travers d'un tamis. Ils la mêlent avec de la colle , de manière à donner à cette préparation la consistance d'une crème légère , puis ils l'étendent avec un pinceau sur les métaux qu'ils veulent argenter ou dorer. Ils obtiennent par là une couleur matte verdâtre ; mais en brunissant le tout avec l'agate , cette composition prend un éclat vif , semblable à celui de l'argent ; en passant par-dessus un vernis jaune, on en fait une espèce de dorure qui s'altère fort peu par l'action de l'air. M. Robinson en conseille l'emploi pour peindre les ponts et autres grands ouvrages métalliques qu'il serait trop dispendieux de faire dorer par les moyens ordinaires. Il assure avoir vu fort longtemps des objets qui avaient été traités de la sorte, et qui ont toujours conservé leur brillant.

Eau de perle pour le teint.

Mettez une demi-livre de savon d'Espagne de première qualité, ratissé très-fin, dans quatre litres d'eau bouillante. Agitez bien pendant quelque temps, et laissez-le reposer jusqu'à ce qu'il soit froid. Ajoutez un litre d'esprit-de-vin rectifié, et une demi-once d'huile de romarin ; agitez de nouveau.

En Italie, on appelle ce liquide, lorsqu'il est serré dans des fioles convenables, *teinture de perles.* C'est un bon cosmétique pour faire disparaître les tâches de rousseur, et embellir le teint.

Poudre conservatrice des dents.

Frottez-vous les dents et les gencives avec une forte brosse à dents et de la fleur de soufre, toutes les nuits avant de vous coucher ; si vous le faites après votre dîner, cela n'en vaudra que mieux : c'est un excellent préservatif pour les dents ; il est exempt de toute mauvaise odeur.

Pastilles détonnantes.

Il y a une autre espèce de ces pastilles , appelées *douces* et *acides* , qui se fait comme suit :

Prenez de la pâte aromatique ci-dessus , et faites-en des cônes de deux pouces de long et d'un d'épaisseur à la base. Lorsqu'ils sont humides , creusez le fond de chacun d'eux de manière à pouvoir contenir un gros pois , remplissez-le de poudre , et recouvrez-le de la même pâte.

Pour faire sécher ces pastilles , renversez-les sens dessus dessous ; car si l'humidité attaque la poudre , l'effet est manqué.

On ne fait ces pastilles que pour se procurer quelque divertissement , car on ne peut pas dire qu'elles aient un usage utile. En Angleterre , à Noël , ou dans les autres fêtes , il est d'usage , sous prétexte de parfumer les appartements , d'en allumer quelques-unes ; et lorsque la compagnie en goûte l'odeur avec plaisir , un bruit inattendu vient épouvanter les uns et amuser les autres.

Nettoyage de l'argenterie.

Mêler de la crême de tartre avec moitié égale de blanc d'Espagne ou carbonate de chaux , et moitié de son poids d'alun. Réduire le tout en poudre fine. Lorsqu'on frotte les ustensiles avec un linge doux ou une brosse recouverte de cette poudre délayée dans l'eau , ils prennent le plus vif éclat. On les lave et on les essuie avec soin.

Procédé économique pour faire des allumettes chimiques sans fulmination.

On met dans une petite fiole à large ouverture 40 grammes de phosphore , auquel on ajoute assez d'essence de térébenthine pour que le phosphore en soit totalement couvert ; à ce mélange , on mêle dix grains de fleur de soufre et on pose la fiole dans l'eau chaude , en usant de précautions , jusqu'à ce que le phosphore soit entièrement fondu. Arrivé à ce point , on ferme l'ouverture de la fiole avec un bouchon , et on agite le tout fortement jusqu'à refroidissement ; dans cet état on laisse écouler doucement l'essence de térébenthine qui est surnageante.

Dans la bouillie épaisse de phosphore qui reste dans la fiole , on plonge les extrémités des allumettes , et après quelques temps , quand elles sont devenues un peu sèches , on les plonge dans le mélange suivant :

On dissout 30 grammes de gomme arabique dans un peu d'eau , on y ajoute 20 grammes de chlorate de potasse , et on mêle le tout assez longtemps pour que la masse soit bien homogène ; dans cet état on y ajoute 10 grains de suie , laquelle a été broyée avec un peu d'esprit-de-vin. En douze heures les allumettes chimiques sont entièrement séchées , et en les frottant sur un corps rude , elles s'enflamment sans fulmination.

Comme on voit , le procédé est fort simple , et avec quelques centimes on peut facilement se procurer des milliers d'allumettes chimiques de première qualité.

Moyen d'utiliser les pommes de terre gelées.

Les pommes de terre gelées ne perdent rien de leurs propriétés nutritives , et donnent autant de fécule après le dégel qu'avant le gel , si l'on a la précaution de les soumettre à une dessiccation rapide. Dans quelques parties de l'Amérique , on les laisse geler et ensuite on les dessèche , afin de pouvoir les envoyer au loin sous un faible poids.

Procédé pour vieillir les vins.

Le percarbonade de soude , en se combinant à l'acide tartrique libre , transforme la crème de tartre en tartrade de soude et de potasse , n'altère nullement la couleur du vin , et remplit toutes les conditions désirables. Lorsque le vin est vert , par cela même plus acide , la dose *maxima* est de 100 grammes par hectolitre pour les environs de Moulins et une partie des vins d'Auvergne.

Dans les annnées de bonne qualité , 50 grammes suffisent. Le propriétaire peut en toute sécurité se baser sur ces deux limites et employer les doses moyennes , selon que la saveur acide de son vin sera plus ou moins prononcée.

Pour tous les vins de qualité supérieure , Bordeaux , Bourgogne , vin du Rhin , et principalement tous ceux riches en principe sucré , les proportions sont de 40 à 50 grammes par hectolitre.

Le mode d'emploi est fort simple : il suffit de faire dissoudre le percarbonade de soude dans un litre d'eau à 25 degrés (à une température plus

élevée, le percarbonade passe à l'état de carbonate neutre, et ce dernier sel possède des incon-
vénients), et ajouter cette liqueur par petites
quantités dans la barrique, en ayant soin de bras-
ser fortement chaque fois.

Cette opération doit durer dix à quinze minutes. Pendant les vingt-quatre heures qui suivent,
il faut avoir la précaution de recouvrir légèrement
la bonde pour que l'acide carbonique puisse se dé-
gager facilement.

Il est avantageux d'employer avec la liqueur
vieillissante un bon procédé de collage qui détruise
l'excédant du tannin, surtout pour les vins de premier ordre.

Cinquante grammes de carbonade de soude, et
250 à 300 grammes ds gélatine (se basant pour
doser cette dernière substance à la force astrin-
gente du vin), vieillissent au moins de quatre ans
tous les vins du Midi, et particulièrement ceux du
Rhin et de Bordeaux.

De même pour nos vins tartareux, l'addition
simultanée de percarbonade de soude et d'une petite quantité de gélatine (de 60 à 80 grammes, par
exemple) les vieillit parfaitement.

Nous avons annoncé que, traité par notre liqueur, le vin formait difficilement un dépôt dans
les bouteilles ; l'explication en est fort simple : la
crème de tartre contient toujours une certaine proportion de chaux à l'état de bitartrate de chaux ;
sitôt l'addition du percarbonade de soude, tout
l'acide tartrique libre est neutralisé, la chaux passe
à l'état de tartrate simple, sel insoluble qui se pré-
cipite immédiatement et entraine un peu de prin-

cipe colorant. Ce phénomène , qui se passe en moins d'une heure , eût demandé quelques années pour s'effectuer naturellement : or le vin ainsi dépouillé n'a plus à perdre que quelques atomes de son principe colorant.

Nouveau moyen pour clarifier les vins.

Tous les vins qui vieillissent naturellement se troublent facilement par le principe colorant qui se dépose et par la précipitation des sels ; ces vins , ayant acquis tout le degré de maturité qui leur est propre , ne peuvent être clarifiés par l'albumine , la colle de poisson ou la gélatine , par rapport à l'action chimique de ces substances sur le tannin , réaction aussi funeste sur les vins vieux qu'elle est précieuse , indispensable aux nouveaux. Il était donc nécessaire de trouver un corps qui n'eût qu'une action mécanique et fonctionnât comme un filtre. C'est au règne minéral que nous nous sommes adressé , et nous avons reconnu que l'alumine en gelée , en remplissant complétement toutes ces conditions , a l'immense avantage , comme matière inorganique , de séjourner indéfiniment dans les tonneaux sans craindre la moindre altération , inconvénient grave que l'albumine et la gélatine possèdent à un haut degré.

Il suffit de délayer , dans deux litres de vin , 250 grammes d'alumine en gelée , et de verser le tout , en agitant fortement , dans une barrique de deux hectolitres ; quarante-huit heures après , la clarification est parfaite.

PRÉPARATION DE L'ALUMINE HYDRATÉE POUR LE PROCÉDÉ QUI PRÉCÈDE.

Alun du commerce...... .. 500 grammes.
Sous-carbonade de soude , ou
cristaux de soude.... ...... 500 grammes.

Faites dissoudre *séparément* chaque sel dans daux litres d'eau bouillante ; les deux liqueurs froides sont mélangées et le tout jeté sur une toile ; quand le marc est égoutté, il a acquis la consistance de gelée et représente l'alumine hydratée précipitée.

Méthode pour transplanter jusqu'à l'âge de dix à douze ans , avec un succès infaillible toute espèce d'arbres.

Lorsqu'en hiver le thermomètre centigrade descend à cinq ou six degrés au-dessous de zéro , il faut faire une tranchée autour de l'arbre à transplanter , à dix ou quinze centimètres de la tige , suivant la hauteur de l'arbre ou son âge , de manière à pouvoir y manœuvrer facilement la pioche et la pelle. Cette tranchée doit avoir de 15 à 20 centimètres de profondeur, dont les deux tiers coupés perpendiculairement , et le dernier tiers en biseau , de telle sorte qu'il ne reste au-dessous de l'arbre que la quantité de terre nécessaire pour le soutenir. Cette opération terminée, on laisse disparaître le soleil , et aussitôt après on verse lentement un plein arrosoir d'eau sur la motte de terre qu'on a ménagée avec soin autour de l'arbre et qui renferme une partie de ses racines. Cette eau se congèle pendant la nuit avec la terre , ce qui permet le lendemain de transplanter l'arbre , avec la motte qui lui est adhérente , dans le trou qu'on lui destine et qu'on a préparé d'avance. Par ce moyen , on est certain de réussir dans la plantation de toutes sortes d'arbres.

Mortier pour crépis imitant le marbre.

On prend de la chaux éteinte depuis quelques semaines et qui soit encore gluante , sans la partie épaisse qui se trouve au fond ; ensuite on crible des cendres de charbon de terre. On emploie *trois* parties de ces cendres criblées et *une* partie de chaux; on pétrit bien le tout ensemble pour bien opérer la mixtion. On peut employer ce mortier sur bois , sur pierre , sur torchis de terre glaise et sur muraille ordinaire , et , en le polissant , il imitera le marbre. On lui donne un couche de 15 à 18 millimètres (1/3 à 3/4 de pouce) d'épaisseur.

Moyen assuré de reconnaitre les bons champignons des mauvais.

On prend la moitié d'un oignon blanc ordinaire, dépouillé de sa membrane externe , et on le met cuire avec les champignons ; si la couleur de l'oignon s'altère et qu'elle demeure bleuâtre , ou brune tirant sur le noir , c'est un signe évident que parmi les champignons il y en a de vénéneux ; si après l'ébullition l'oignon conserve sa couleur blanche, il n'y a rien à craindre.

Secret pour rétablir dans leur état primitif les plumes froissées.

Bentley, cordonnier de Manchester, a fait une petite fortune à l'aide d'un secret fort joli pour rétablir dans leur état primitif les plumes froissées ; il achetait les peaux d'oiseaux avariées, et leur rendait en quelques minutes leur lustre et leur arrangement primitif. Il a, dit-on, enrichi les musées d'histoire naturelle d'une foule d'oiseaux qu'on était accoutumé à mettre au rebut. Ce secret nous a été confié et prouvé au même instant, comme il suit ; chacun peut le répéter de même : Prenez une plume neuve à écrire, froissez la barbe, pliez la nervure jusqu'à tenir le tout dans votre main fermée ; jetez cette plume dans l'eau chaude, et à l'instant le tout se redresse, s'ajuste et se remet dans son état naturel en quelques secondes ; laissez sécher, et votre plume est aussi bien peignée qu'elle l'était sur l'oiseau vivant ; il paraît que l'eau chaude fait gonfler la matière cornée et lui rend le ressort qu'elle avait perdu.

Les modistes peuvent profiter de cette invention pour les plumes de toilette.

Moyen de faire un bon vin mousseux.

Prenez 1/6 de sirop de bon sucre candi.
      2/6 de bonne eau-de-vie.
      3/6 d'eau saturée de gaz acide carbonique.

Mélangez le tout et vous aurez une boisson excellente, réunissant les avantages d'être tonique, stomachique, et digestive.

Destruction du chiendent.

M. Lezeret de la Maurinerie ayant observé que la végétation du chiendent est presque souterraine, et que, plus que tout autre, elle a besoin d'air et d'humidité ; qu'en la privant simultanément de ces deux agents, ou pouvait obtenir la destruction de cette plante, véritable désespoir du laboureur, le hazard le confirma dans cette pensée. Il fit semer des vesces noires dans un champ où il y avait beaucoup de chiendent ; il voulait les enfouir par un second labour à cause des pluies qui survinrent ; et les vesces, qui étaient très-belles, furent destinées à être fauchées. Lorsqu'on les faucha, elles étaient presque toutes couchées ; on laboura ensuite le champ, et l'on s'aperçut qu'il n'y avait plus de chiendent : il y avait dans un champ voisin, où l'on n'avait pas semé de vesces, plus de chiendent qu'auparavant. Il en conclut qu'une culture épaisse, versée et qui demeure sur place jusqu'à ce que le bas des tiges soit pourri, détruit entièrement le chiendent.

Moyen de prévenir l'acidation de la bière.

Suivant M. Storewel, ce moyen consiste à ajouter une livre de raisin pour 174 gallons de bière (647 litres).

Pour cela , on renferme les raisins dans un lin-ge de toile ou de coton ; on plonge cette espèce de nouet dans la liqueur avant que la fermentation soit commencée , et on l'y laisse jusqu'à ce que le liquide se soit recouvert d'une écume blanchâtre , phénomène dû au travail de fermentation , et qui se produit au bout de vingt-quatre heures environ; alors on retire le nouet , et on laisse la liqueur fer-menter comme à l'ordinaire. Ce moyen empêche la bière de tourner à l'acide pendant la durée de la chaleur.

Lait virginal pour embellir le teint.

Teinture de Benjoin. . . . . 10 gram.
Eau de roses et de mélilot. . . . . 400 gram.
    Mêlez et agitez. Comestique agréable.

Recette pour faire une excellente eau dite de Cologne au moyen d'un simple mélange.

Essence de citron . . . . . ⎫
    — de néroli . . . . . ⎬ de chaque 2 gram.
    — de lavande. . . . ⎭
Essence de bergamote . . ⎫ de chaque 5 gram.
    — de cédrat . . . . ⎭
Alcool ou esprit de vin . . . . 1 litre.
    Mêlez.

Autre plus forte.

Essence de bergamote . . . . . . 10 gram.
—   d'orange . . . . 10 gram.
—   de citron . . . . 5 gram.
—   de cédrat . . . . 5 gram.
—   de romarin . . . . 1 gram.
Teinture d'ambre. . . . } de chaque 5 gram.
—   de benjoin. . . }
Alcool ou esprit de vin. . . . . 1 litre.
Mêlez.

Epilatoire ou moyen de dégarnir de poils les parties qu'on voudra.

Chaux vive en poudre. . . . . 48 gram.
Amidon   id.   . . . . 40 gram.
Sulfure d'arsenic id.   . . . . . . 4 gram.

Mêlez , et , avec suffisante quantité d'eau , faites une pâte molle , que vous appliquerez sur la partie que vous voudrez dégarnir de poils.

Autre , employé chez les Turcs.

Chaux vive . . . . 40 gram.
Orpiment . . . . 5 gram.

Pulvérisez et délayez dans blancs d'œufs et lessive des savonniers en quantité suffisante.

On l'applique sur les parties que l'on veut épiler , on laisse sécher lentement et on lave ensuite à grande eau. M. Baudeloque a employé cette pâte contre la teigne et surtout contre l'esthiomène.

*Aliment très-agréable , très-nourissant et très-
utile dans les convalescences et dans les maladies de poitrine. Cet aliment connu sous le nom
de* Racahout des Arabes *, se prépare ainsi :*

Cacao torréfié et pulvérisé. . , . . . 15 gram.
Fécule de pom. de terre . } de chaque 40 gram.
Farine de riz. . . . . . } de chaque 40 gram.
Sucre en poudre . . . . 60 gram.
Vanille pulvérisée , ... 2 gram.

Mélangez le tout et mettez **1** , **2** ou **3** cuillerées
dans **250** gram. d'eau , de lait ou de bouillon,
comme analeptique. Faire bouillir pendant quelques minutes.

———

*Autre aliment ayant les mêmes propriétés ana-
leptiques , connu sous le nom de* Wakaka des
Indes.

Sucre en poudre. . . . . 320 gram.
Cacao mondé et torréfié . . . . . 120 gram.
Vanille . . . . 4 gram.
Canelle en poudre. . . . . 15 gram.
Ambre gris . . . . 3 décig.

Pilez le cacao à froid , incorporez la vanille ;
triturez avec le sucre , et ajoutez successivement
les autres substances en faisant du tout un mélange
exact et pulvérulent.

Une cuillerée à bouche dans un potage au riz ,
au vermicelle ou dans du lait.

———

Autre connu sous le nom de **Palamoud.**

Cacao torréfié et pulvérisé . . . . 50 gram.
Farine de riz   . . . . ⎫
Fécule de pom. de terre. ⎬ de chaque 120 gram.
Santal rouge   . . . . 4 gram.
    Mêlez et employez comme le Wakaka des Indes.

————————

Machine a broyer les grains pour les chevaux.

On remarque souvent que le chevaux ne digè-
rent pas bien l'avoine , les pois , fèves , féveroles
et autres grains qu'ils ont mangé. Il serait très-
important de faciliter leur digestion en écrasant
ces grains.
    La machine représentée ici remplirait ce but
parfaitement. Elle est mue par deux hommes au

moyen de deux manivelles , et elle écrase beaucoup d'avoine en quelques minutes.

Elle se compose de deux cylindres en fonte d'un
diamètre différent : A. A ; d'une trémie B. qui
reçoit le grain et le verse entre les deux cylindres
par le petit auget C. qui est mobile , se hausse ou
s'abaisse pour donner plus ou moins de grain. La
grande roue ou volant a le même axe que le petit
cylindre , et se meut par les manivelles.

On peut faire les cylindres en orme ou autre
bois dur , et alors ils doivent être canelés.

L'avantage de cette machine est de préparer le
grain de manière à produire un tiers d'économie
sur la quantité ordinaire ; de prévenir les accidents de l'indigestion et de rendre impossible l'in-
fidélité des gens de l'écurie qui voudraient sous-
traire l'avoine.

Poudre a rasoir.

Les cuirs doivent avant tout être grattés à fond
avec un couteau , et dégagés de tout le cambouis
formé par les applications de pommade précéden-
tes ; on y ajoute ensuite du suif pur que l'on étale
avec soin.

La pommade à appliquer sur le cuir , ainsi préparé , se compose tout simplement de moitié suif
et moitié sanguine mise en pâte avec un couteau ,
et étendue ensuite sur le cuir.

Tous les mois on doit remettre le cuir en état ,
par application à neuf de la même pommade après
avoir gratté à fond la précédente couche.

PETIT TRAITÉ

DE LA

BAGUETTE DIVINATOIRE

Pour trouver les choses les plus cachées,
soit eau souterraine , or , argent ,
mines , minières , et pour découvrir
les meurtriers ,

Par L'ABBÉ DE VALLEMONT.

PHYSIQUE
OCCULTE.

—

BAGUETTE
DIVINATOIRE.

PETIT TRAITÉ

DE LA BAGUETTE DIVINATOIRE

PAR L'ABBÉ DE VALLEMONT.

Voici ce qu'on lit dans le dictionnaire des hommes célèbres, relativement à l'auteur de l'ouvrage dont nous allons donner un abrégé.

« Vallemont (Pierre le Lorrain de) prêtre ,
» né à Pont-Audemer, le 10 septembre 1649 ,
» mort le 30 décembre 1721 a été chargé d'ensei-
» gner l'histoire au fils du marquis de Dangeau ;
» c'est pour lui qu'il fit *ses éléments de l'his-*
» *toire.* Celui de ses ouvrages qui a eû le plus de
» succès est son *traité de la baguette divinatoire,*
» au moyen de laquelle on peut trouver les choses
» les plus cachées , soit eau souterraine , or , ar-
» gent , mines , minières , et même découvrir les
» meurtriers. »

Nous nous bornerons à reproduire littéralement, les parties qui nous ont paru les plus intéressantes dans cet ouvrage , qui se compose de deux volumes , ensemble de plus de 500 pages et de beaucoup de gravures. Ceux qui désireront se procurer cette curieuse production , doivent de préférence acheter l'édition imprimée à La Haie en 1747.

Dans sa préface , l'auteur s'exprime ainsi :

« Depuis que les hommes se mêlent de philosopher, on n'a point eu à examiner une matière plus curieuse et plus importante, que celle qui est traitée dans cet ouvrage. Et je puis dire que si l'on avait une fois expliqué clairement la cause du mouvement de la Baguette Divinatoire sur les sources d'eau, sur les minières, sur les trésors cachés, et sur les traces des criminels fugitifs, il n'y aurait plus rien de si occulte dans la nature, qui ne fût bientôt développé et mis dans un grand jour. »

« Car si on connaissait, comment les écoulements des corpuscules qui s'exalent des eaux souterraines, des métaux, et du corps de certains hommes, s'insinuent par la respiration insensible dans les pores d'un autre homme, on comprendrait bientôt pourquoi les maladies contagieuses et populaires attaquent les uns, et épargnent les autres ; on découvrirait cette route invisible par où coule ce flux et reflux d'humeurs malignes qui sortent d'un corps par la transpiration, et que la respiration fait rentrer dans un autre. Et si ce chemin était bien reconnu, la Médecine trouverait ensuite facilement le secret de préserver, ou de guérir les hommes de tant de maladies, dont la propagation se fait par les écoulements des corpuscules contagieux qui sont répandus dans l'air. Cela est, ce me semble, de la dernière importance. »

« Mais de quelle utilité ne serait point l'usage de la Baguette Divinatoire pour la découverte des sources d'eau, dont on ne saurait se passer dans la vie, et pour la recherche des métaux les plus nobles, qui sont aujourd'hui tout le lien de la société humaine ? »

« Certainement le grand éclat que l'histoire du paysan de Dauphiné a fait dans le monde , et l'empressement que chacun a marqué pour s'en informer , montrent mieux que ce que je pourrais dire, combien le public croit qu'il est important d'expliquer cette physique si surprenante. »

Je sais bien que certains savants ombrageux ne feront pas grand cas de tout ce qu'on pourrait dire de bon sur ce qui regarde le mouvement de la baguette , et qu'ils continueront de la regarder comme la chose du monde la moins digne de leur attion. Ils en penseront ce qu'il leur plaira ; mais je puis leur citer d'autres savants qui n'ont pas cru employer mal leur temps de tourner leurs études de ce coté-là. Nous voyons parmi les mémoires de l'académie royale des sciences d'Angleterre , le dessein que cette illustre société a pris de s'informer de tout ce qui concerne la Baguette Divinatoire pour la recherche des minières.

Il y a donc des gens qui n'ont pas si fort méprisé la chose. Plus sincères que ces savants dont je viens de parler , ils confessent que les phénomènes de la Baguette Divinatoire sont merveilleux , et qu'ils méritent bien l'attention des hommes les plus sages. Mais parmi ceux-là quelques-uns se laissant prévenir par des terreurs paniques , s'imaginent que la Baguette n'a point d'autre mouvement que celui que le démon lui imprime. Ils ne peuvent pas croire qu'il se puisse faire quelque chose dans la nature au-delà de leur connaisance. Tout ce qu'ils ne comprennent pas , ne peut être naturel.

Van-Helmont a fort bien remarqué qu'on ne saurait trop déplorer le mal que ces préjugés font dans les sciences, et surtout dans la physique. Y a-t-il rien, dit il, de plus surprenant, et de plus déplorable que de voir les arts vils et mécaniques se perfectionner tous les jours, pendant que la physique demeure toujours quasi dans le même état. Rien ne retarde tant le progrès de la science naturelle, que les criailleries et les censures injustes des ignorants; parce qu'elles épouvantent, arrêtent, et font même reculer ceux que quelque ouverture d'esprit, et une longue étude auraient mis en état de contribuer à perfectionner la physique.

Je déclare que je n'ai point été retenu par cet épouvantail; car enfin nous sommes dans un siècle éclairé, de qui on doit attendre plus de justice que de ceux sur lesquels l'ignorance et la barbarie avaient répandu de si épaisses ténèbres. J'ai eu en vue surtout de montrer, qu'outre les utilités qu'on peut tirer de la Baguette, ses nouveaux phénomènes peuvent apporter beaucoup de lumières à la physique et à la médecine. Le public jugera si mes efforts doivent être comptés pour quelque chose.

J'ai cru que pour expliquer la *physique occulte* de la Baguette Divinatoire, je devais préférer la philosophie des corpuscules à toutes les autres; non-seulement parce qu'elle est la seule qui puisse servir utilement à développer les secrets de la nature; mais parce qu'elle est encore plus ancienne que toutes celles, dont la connaissance est venue jusqu'à nous. Car avant Leucippe, maître de Démocrite, le premier selon Minucius Félix qui ait employé les atômes dans la philosophie, un certain Moschus originaire de Phénicie expliquait les phénomènes de la nature par les *corpuscules* ; c'est-à-

dire , par les *particu es* , ou petites parties insen–
sibles de la matière. Strabon qui rapporte cela ,
ajoute que Moschus *vivait avant la guerre de
Troie* , et par conséquent plusieurs siècles avant
qu'aucun des philosophes grecs parût dans le
monde. »

« Voilà l'ancienne origine de a philosophie des
corpuscules ; et puisqu'elle est phénicienne , on
a tout sujet de croire que c'a été celle des Hébreux
d'où elle a passé chez les Grecs. »

« Personne dans ces derniers temps n'a si bien
cultivé la philosophie que M. Bayle , comme on le
peut voir par tant de beaux endroits de ces observations que j'ai rapportées dans ce traité. Et si le
P. Lana, jésuite n'était pas mort si-tôt , il l'aurait
encore portée plus loin : comme il est aisé de le
juger par son grand et excellent ouvrage intitulé :
Magisterium artis , et naturæ : où l'on peut remarquer que cet homme si laborieux philosophait,
comme on dit , les expériences à la main , sans
quoi en matière de physique on ne sait pas où con-
duisent les raisonnements ; comme on ne sait pas,
si l'on ne s'égare point , quand on marche sans
guide dans un pays inconnu. Un physicien disait :
le P. Kirker , jésuite, qui philosophe sans faire
des expériences , est comme un aveugle qui aurait
la folie de vouloir disputer des couleurs. »

« Il semble qu'il aurait toujours manqué quelque
chose à mon ouvrage, si je n'avais pas vu m'ob–
jecter que je n'aurais raisonné que sur des relations
dont tout le monde ne s'accommode pas. Enfin cet
homme si fameux est venu à Paris le 21 Janvier
1693 par l'ordre d'un grand Prince. Je l'ai vu deux

heures par jour presque un mois durant ; et on peut croire que durant tout ce temps là je l'ai tourné et retourné comme je devais. Il est certain que la Baguette divinatoire lui tourne entre les mains sur les traces des voleurs et des meurtriers fugitifs. Il n'en sait pas la raison , et s'il en connaissait la cause physique, et qu'il eût assez d'étendue d'esprit pour raisonner dessus , je puis assurer que, quand il entreprendrait une expérience , il n'y manquerait jamais. Mais un paysan qui ne sait ni lire , ni écrire , saura bien moins ce que c'est qu'*atmosphère , volume , écoulement de corpuscules répandus dans l'air.* Il ignore encore plus comment ces corpuscules peuvent se déranger , et cesser de produire le mouvement et l'inclinaison de la baguette. Il n'est pas capable non plus de reconnaître combien il lui importe pour réussir, de savoir s'il est lui-même dans un état tel qu'il faut pour être sensible aux impressions des corpuscules qui s'exhalent des corps, sur quoi la baguette s'incline , car il ne faut presque rien pour déranger l'ordre des causes naturelles et pour faire manquer une expérience. M. Bayle a fait un traité entier sur cette matière. On y peut apprendre comme une seule circonstance, de plus ou de moins , empêche l'action de la Nature. »

« Ainsi quoique Jacques Aymar soit un homme simple et de bonnes mœurs, il lui peut arriver d'entreprendre ce qu'il n'exécutera pas toujours bien, par la raison qu'il ne sait pas qu'il doit être dans une certaine disposition de sensibilité, afin que les corpuscules répandus dans l'air puissent lui causer quelque sensation ; et que cette disposition

si rare peut être facilement renversée par un mouvement de crainte , ou par d'autres émotions su-
bites et véhémentes. »

Quoiqu'il ne puisse pas démêler tout cela ; cependant il reconnait qu'il se peut bien tromper ,
et qu'il ne sait pas toutes les fois que la baguette
tourne, si c'est sur de l'eau, sur du métal ou sur un
cadavre, parce qu'elle se meut sur tout ce qui transpire beaucoup. S'il assure que c'est un meurtrier
qu'il suit , c'est qu'il reconnait que la sensation
qu'il a prise au lieu de l'assasinat , est la même qui
dure le long du chemin , et dont il est toujours
également agité. Voilà son *Criterium*. »

«Si Jacques Aymar se hazarde donc à des essais,
qui ne lui réussissent pas , on ne s'en étonne point
pour peu qu'on se soit formé une juste idée de la
conduite de la Nature , et qu'on ait étudié la physique par les expériences. Car on saura que le mécanisme de la nature demande une proportion si
exacte dans l'arrangement , dans la force , et
dans le mouvement des causes , que le moindre
obstacle en renverse les effets. Les meilleurs chiens
de chasse ne tombent-ils pas quelquefois en défaut?
Pourquoi donc veut-on qu'Aymar soit toujours
également sensible aux impressions de l'air ? Mais
afin de rectifier les idées de ces gens qui voudraient
qu'il réussit toujours , il n'y a qu'à les renvoyer à
l'*inclinaison* de la verge de fer aimantée , par laquelle j'explique l'*inclinaison* de la Baguette Divinatoire. Ils verront que la méthode , dont on se
sert pour trouver cette *inclinaison* , demande une
exactitude si scrupuleuse, que d'ordinaire de vingt
expériences il ne s'en rencontrera pas quatre qui

soient entièrement semblables. Ainsi le bon sens
veut que les essais qui ne réussissent pas, ne fassent
point de préjugé contre les expériences constantes.

Et j'ajoute à cela qu'on découvrira des gens,
qui ayant une sensibilité plus vive et plus délicate,
auraient encore plus abondamment que lui la faculté de trouver les sources, les minières, les trésors cachés, les voleurs, et les meurtriers fugitifs.
On nous mande déjà de Lyon qu'il y a un garçon
de 18 ans, qui là-dessus surpasse de beaucoup
Jacques Aymar. »

*Il y a une Baguette Divinatoire : ce que c'est ,
et comment on s'en sert.*

Quoi qu'il y ait plus de deux cents ans, que les minéralogistes se servent d'une Baguette de coudrier,
pour trouver les minières d'or et d'argent ; et qu'il
y ait un siècle que les fontainiers l'employent à
chercher des sources d'eau , on n'avait point remarqué qu'elle eût été mise à d'autres usages. Cependant nous venons d'apprendre qu'un paysan de
Dauphiné s'en sert , pour suivre à la piste des voleurs et des meurtriers. J'avoue que ce fait a quelque chose de si extraordinaire , qu'on ne saurait
apporter trop de diligence pour s'en assurer ; afin
de ne pas admirer ridiculement des prodiges que
le peuple raconte et qui n'auraient jamais été. C'est
une chose en effet bien plaisante , de voir de célèbres physiciens , faire une levée de bouclier , disputer avec tout l'appareil de la philosophie , pour
savoir , si la nature a pu faire certains miracles ,
que le temps nous apprend ensuite être supposés ,
et fabuleux. Cette mauvaise conduite a extrêmement décrié la science naturelle , et a fait croire
qu'elle était toute occupée à expliquer des visions
et des chimères. Il faut donc s'assurer du fait, avant
que de travailler à l'expliquer ; du moins si l'on
veut philosopher régulièrement.

Quoiqu'il y ait longtemps, qu'on emploie la Baguette Divinatoire, pour trouver des sources d'eau,
des minières , des trésors cachés ; qu'on s'en soit

servi depuis peu , afin de suivre à la piste des meurtriers , et que cela soit de notoriété publique , et
porte tous les caractères de l'évidence même , il ne
laisse pas de se trouver beaucoup de gens , qui ré-
voquent ces choses en doute. Il y en a même qu'on
compte parmi les savants , et parmi les interprêtes
des secrets les plus occultes de la nature , qui sans
tour et sans façons nient absolument ces faits.

Certainement il y a bien des choses à dire sur
cette manière de prononcer sur un fait aussi circonstancié , et aussi attesté que celui qui regarde
le meurtrier de Lyon suivi et découvert par le
moyen de cette Baguette. L'honnêteté publique ,
que l'on se doit réciproquement , a établi parmi le
monde poli et civilisé , des lois qui défendent de se
soulever , et de se raidir contre les relations des
magistrats , contre les explications des curieux et
des savants , et enfin contre le témoignage d'une
infinité de témoins oculaires d'un bon sens exquis
et d'une critique exacte et sévère.

Ne pourrait-on point dire encore , que c'est
avoir un peu trop bonne opinion de soi-même , de
se porter à nier un fait , parce qu'on ne le croit
pas possible ? Comment , disait Van Helmont dans
une occasion à peu-près semblable , ces gens se
pourront-ils excuser d'excéder en orgueil et en su-
perbe , qui mesurant la toute-puissance de Dieu
selon la portée de leur esprit , nient les faits qu'ils
ne peuvent concevoir ? Qui les oblige de juger des
autres par eux-mêmes , et de décider que ce qu'ils
n'entendent pas , ne sera compris de personne ?
*Omnium animos ex suo æstimat , qui putat fieri
non posse, quod intelligere non potest. De Curat.
Magnet. Vulner. n. 9*

On dira à ces esprits forts , qui cachent leur ignorance et leur orgueil à l'ombre de leur incrédulité , ce que le père Schott, jésuite répondit à certaines gens , qui niaient que la *Baguette de coudrier* indiquât les eaux , et les métaux. Il ne faut point chicaner , il est certain que cette baguette tourne sur les veines métalliques , sur les sources d'eau , et sur les trésors qui sont cachés dans la terre. Le fait est constant. Mais la difficulté est de savoir , si cet effet de la baguette est naturel , ou bien s'il s'opère par le secours du démon.

Il ne faut pas cependant exiger d'un homme qu'il croie , sans qu'il sache pourquoi. Il faut même trouver bon qu'il apporte ici d'autant plus d'examen et de précaution , que le cas est surprenant , et paraît une chose toute nouvelle. Mais aussi doit-il profiter des règles que nous avons pour nous conduire dans ces rencontres. Feu M. de Launoy , docteur de Navarre , et si célèbre par les ouvrages de critique , qu'il a composés sur plusieurs point de l'histoire ecclésiastique , donne trois règles, pour discerner dans les faits la vérité d'avec le mensonge.

1. Il veut que l'on croie les auteurs contemporains, lorsqu'ils ont de la probité , et qu'ils ne sont pas contredits par des témoins du même âge.

2. Il veut qu'on s'en rapporte à ceux qui ont été les plus voisins du lieu où la chose s'est passée.

3. Il veut que le fait ne choque point la raison , mais une raison éclairée.

En appliquant ces trois admirables *Prescriptions* à l'histoire du paysan à la baguette , on saura pourquoi on n'en peut pas douter , si l'on se veut conduire par la raison , qui nous apprend que les eaux sont d'autant plus pures , qu'on les puise plus près de la source , selon l'expression d'un poète ;

Puriùs ex ipso fonte bibuntur aquæ.

Après tout il faut être bien étranger en France, et dans les livres mêmes , pour n'avoir jamais ouï parler de la Baguette Divinatoire.

Car enfin je puis assurer avec vérité , que j'ai connu par pure rencontre , tant à Paris , qu'en diverses provinces du royaume , plus de cinquante personnes qui employaient cet instrument si simple , afin de trouver des eaux, des minières , et des trésors cachés , et à qui elle tournait véritablement entre les mains. *Il est plus raisonnable* , dit le père Malebranche , *de croire un homme qui dit j'ai vu ; qu'un million d'autres qui parlent en l'air. Recherche de la vérité*, *l.* 2 *chap.* 3 *p.* 154.

On a donné plusieurs noms différents à cette Baguette Divinatoire. On l'a appelée *Caducée , Verge Divine , Baguette Divinatoire , Verge d'Aaron , Bâton de Jacob.* Et ceux qui ont été bien pénétrés de l'utilité de cette admirable invention , n'ont pas manqué de la relever encore par d'autres noms éclatants , comme sont ceux de Verge *luisante* , Verge *ardente*, Verge *saillante,* Verge *transcendante* , Verge *tremblante* , Verge *supérieure* , que lui ont donné les Italiens qui travaillent aux minières de Trente et du Tyrol ; et sur ces sept noms , Basile Valentin a fait une espèce de commentaire en sept chapitres dans le deuxième livre de son testament. D'autres l'ont célébrée par des comparaisons magnifiques. L'un dit que c'est la Verge dont Moyse se servit , pour faire sortir l'eau du rocher. D'autres la comparent au sceptre d'Assuérus, roi des Perses et des Mèdes, dont Esther n'eût pas plus tôt baisé l'extrêmité , qu'elle obtint tout ce qu'elle demanda. Il y en a même , qui appliquent à cette baguette ces paroles du psaume 25, *votre verge* , et *votre bâton m'ont consolé.*

Voilà le génie des hommes. Ils ne sauraient garder de mesures , quand ils sont prévenus d'estime pour quelque chose. Nous condamnons sans doute ces expressions outrées , et ces explications profanes de la parole de Dieu , dont on fait là visiblement un abus criminel. Il faut méditer dans l'écriture sainte ce qui n'y passe point notre intelligence, et adorer ce que nous n'y entendons pas. Voilà l'usage qu'il en faut faire selon les saints pères.

Mais on ne trouvera volontiers rien à dire , que l'on compare cette Baguette à la verge de Pallas , qui , selon Homère , servit à cette déesse pour rajeunir Ulysse , et pour lui ôter ensuite les agrémens de la jeunesse qu'elle lui avait donnés. Ce sera , si l'on veut , le Caducée de Mercure , qui selon Virgile , ouvre et ferme les enfers , et qui préside aux vents et aux tempêtes. Ce sera la baguette de Circé , avec laquelle cette fameuse magicienne changeait les hommes en bêtes , et opérait tant de prodiges. Ce sera encore le bâton augural des Romains , et qui leur tenait lieu de sceptre.

Il serait assez difficile de marquer précisément le temps , où l'on a commencé de se servir de la Baguette Divinatoire. Je n'en ai rien trouvé dans les auteurs , qui ont précédé le milieu du XV siècle. Car il en est parlé amplement dans le testament de Basile Valentin, religieux bénédictin qui florissait vers l'an 1490. J'y vois cependant qu'il en parle d'un air à nous faire croire, que l'on a eu connaissance de cette pratique avant ce temps-là.

Oserait-on bien avancer que la Baguette Divine a été connue et pratiquée il y a près de deux mille ans : certainement j'en ai une conjecture, qui n'a pas semblé legère à des personnes qui savent assez peser les choses. En effet quelle apparence de compter pour rien ce que Cicéron dit à la fin de son premier livre des offices, lors qu'exhortant son fils Marc à entrer dans tous les devoirs de la société, il lui remontre qu'il doit se garder de l'illusion de ceux qui disent, qu'il ne faut avoir de relation avec le public, qu'autant que l'on en a besoin ; et que si l'on avait trouvé, *comme l'on dit*, *par la Baguette Divine*, de quoi se nourrir, et de quoi se vêtir, il faudrait se dérober aux affaires publiques, afin de mettre tout son temps à l'étude : *Quid si omnia nobis*, *quæ ad victum cultumque pertinent, quasi Virgulâ Divinâ*, *ut aiunt, suppeditarentur.*

Ce qui me porterait à croire que Ciceron fait allusion à la *Baguette Divine de coudrier*, c'est qu'il parle d'une fortune faite tout d'un coup, sans qu'on y ait beaucoup contribué par le travail, comme serait celle d'un homme qui a trouvé un trésor.

Avant que de donner les différentes manières de se servir de la Baguette Divinatoire, il faut observer qu'on peut employer indifféremment, toutes sortes de bois, quoique le poreux et le plus leger y soit beaucoup plus propre.

Jacques Aymar paysan de S.t Veran près de S.t Marcellin en Dauphiné , qui est devenu si fameux depuis qu'il a découvert par le moyen de cette baguette un insigne meurtrier qu'il a suivi durant plus de 45 lieues , guidé par ce simple instrument, se sert du premier bois trouvé , pour les eaux , pour les métaux , pour les choses volées , et pour les larrons et les assassins.

Le sieur Royer avocat au parlement de Rouen se sert de branches de laurier et même de troncs d'artichaux, comme de coudrier. *Je n'y trouve, dit-il , à présent aucune différence , et je ne puis déterminer quelles choses s'y portent le mieux les unes que les autres.* Le père Déchales, jésuite dit , qu'un gentilhomme de ses amis emploie des branches d'amandier. Cependant ceux qui enchérissent sur tout, et qui se mêlent de raffiner, disent que le coudrier est bon pour chercher les veines d'argent , le frêne pour les minières de cuivre , le pin sauvage pour le plomb ; et que pour trouver l'or , il faut mettre des pointes de fer à l'extrêmité de la baguette. Il y en a qui veulent qu'elle soit coupée en pleine Lune; mais à dire la vérité , c'est une observation inutile , aussi bien que celles dont parle *Georgius Agricola* , qui dit que les Allemands enchantent auparavant la Baguette par des vers qu'ils récitent.

Première manière de tenir la Baguette Divinatoire.

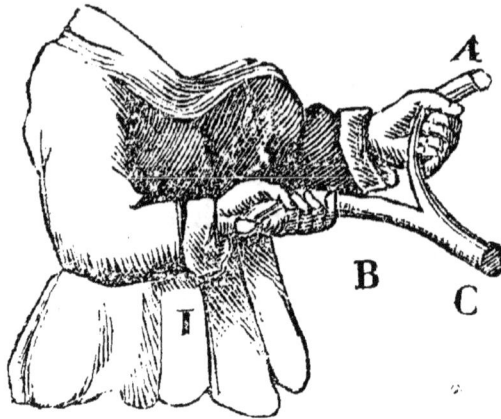

Quant à la manière de se servir de la Baguette Divinatoire, la plus commune est de prendre une branche fourchue de coudrier, autrement noisetier, d'un pied et demi de long, grosse comme le doigt, et qui ne soit pas de plus d'une année autant que cela se peut. On tient les deux branches A, et B, dans ses deux mains, sans beaucoup serrer, de manière que le dessus de la main soit tourné vers la terre ; que la pointe C, de la baguette, aille devant ; et que la baguette soit parallèle à l'horison. Alors on marche doucement dans les lieux, où l'on soupçonne qu'il y a de l'eau, des minières, ou de l'argent caché. Il ne faut pas aller brusquement, parce que l'on romprait le volume de vapeurs et d'exhalaisons, qui s'élèvent du lieu où sont ces choses, et qui imprégnant la baguette, la font incliner.

Seconde manière de tenir la Baguette Divinatoire.

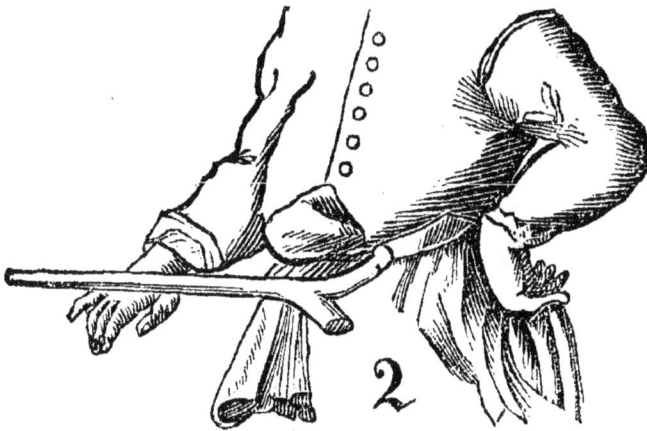

Il y en a qui tiennent la baguette autrement. La méthode du sieur Royer est de la porter sur le dos de la main en équilibre. Voici comme il représente la manière : *Pour trouver donc de l'eau , il faut prendre une branche fourchue soit de coudre , d'aulne , de chêne , ou de pommier , d'environ un pied de longueur , et grosse comme un des doigts , afin que le vent ne la fasse pas facilement remuer..... Il la faut mettre sur une des mains en équilibre , et le plus en balance que faire se pourra ; puis marcher doucement , et quand on passera par-dessus un cours d'eau , elle se tournera.*

Troisième manière de tenir la Baguette Divinatoire.

Le père Kirker , jésuite , dit qu'il a vu prati-
quer en Allemagne cette divination d'une manière
toute différente. On prend un rejeton de coudrier
bien droit , et sans nœuds : on le coupe en deux
moitiés à peu près de la même longueur : on creuse
le bout de l'un en forme de petit bassin , et on
coupe le bout de l'autre en pointe ; en sorte que
l'extrêmité d'un bâton puisse entrer dans l'extrêmité de l'autre. On porte ainsi ce rejeton devant
soi que l'on tient entre les deux doigts *index* ,
comme la figure le montre. Quand on passe par-
dessus des rameaux d'eau , ou des veines métalliques , ces deux bâtons se meuvent et s'inclinent.

Quatrième manière de tenir la Baguette Divinatoire.

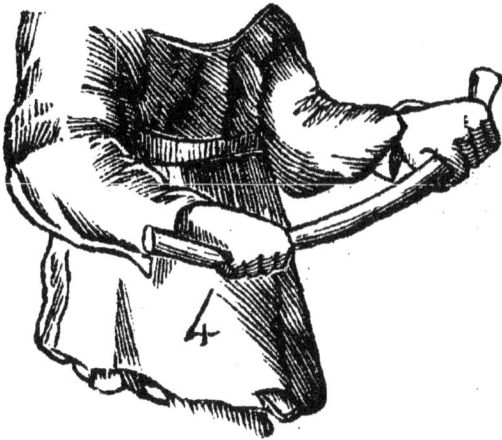

Il y a encore une façon, que je n'ai vu suivre qu'à peu de gens qui font métier de chercher des eaux. Ils prennent un long rejeton de coudrier, ou de tout autre bois bien uni et bien droit, comme une canne ordinaire : ils en tiennent les deux bouts dans leurs mains et les courbent un peu en arc : ils le portent parallèle à l'horison, et du moment qu'ils passent par-dessus une source d'eau, le bâton se tourne, et l'arc se porte vers la terre.

Non seulement il est certain, que chacun n'a pas ce don de faire incliner la Baguette Divinatoire sur les eaux, sur les métaux, sur les choses volées, et sur les criminels, mais même il arrive à ce don, pour ainsi dire, des syncopes; de sorte que j'ai vu par expérience que la même personne, à qui elle avait tourné plusieurs fois, n'avait plus

du tout cette vertu ; on s'en est déjà aperçu plusieurs fois : comme on le peut voir dans le père
Schott , jésuite.

Il est encore certain que cet effet vient absolument de la personne ; car enfin si cela était dû à la
baguette , rien n'est plus assuré que , si on la sus-
pendait sur un pivot , comme une aiguille de boussole ; elle ne manquerait pas de s'incliner sur les
eaux , ou sur les métaux ; c'est pourtant ce qui
n'arrive point du tout, comme je l'ai expérimenté,
après le père Schott, jésuite. Je conclus de-là , que
cet effet ne résulte donc pas d'une vertu qui soit
dans la baguette.

Le hazard a toujours la meilleure part dans presque toutes les découvertes. On n'a pas trouvé toujours les secrets de la nature en les cherchant Les
chimistes qui ne rencontrent pas souvent ce qu'ils
recherchent avec tant d'étude et de patience , ac-
quièrent en chemin faisant des connaissances très-
curieuses ; le pur hazard leur dévoilant des mys-
tères de la nature auxquels ils ne seraient peut-être
jamais arrivés , s'ils avaient tenté d'y aller droit.

Appelles ne pouvant trouver la manière de représenter l'écume d'un cheval , jeta de désespoir
contre son tableau, l'éponge avec laquelle il es-
suyait ses couleurs , et fit par hazard cette écume,
qu'il n'avait pu représenter par son art.

On dit qu'un vitrier en coupant son verre , et
ayant regardé au travers d'une petite lentille qui
s'en était détachée , apperçut qu'elle grossisait les
objets d'une manière monstrueuse , et par-là découvrit cette sorte de petit microscope merveilleux,
à quoi il ne songeait guères.

Ce fut encore un pur hazard , qui apprit au
paysan de Saint Marcellin , que la baguette tournait sur les cadavres de ceux qu'on a assassinés.
Car enfin en cherchant un jour des eaux dans son
voisinage , sa baguette s'inclina avec tant de rapidité sur un endroit , qu'il assura que l'eau n'était
pas loin ; mais il se trompait, comme nous l'avons
dit de Paracelse : car au lieu d'eau , on trouva
dans un tonneau le corps d'une femme , qui avait
encore au cou la corde dont on s'était servi pour
l'étrangler. On jugea aussitôt que ce ne pouvait
être qu'une femme, qui avait disparu depuis quatre
mois. Le paysan alla dans la maison de cette femme
dont on était en peine depuis quelque temps , il
présenta la baguette sur tous ceux de la maison ;
elle demeura immobile jusqu'à ce qu'il l'appliquât
au mari , sur lequel elle tourna violemment. Comme ce malheureux prit aussitôt la fuite , le paysan
conclut que la Baguette Divinatoire tournait sur
les criminels , aussi bien que sur les sources d'eau ,
et sur les métaux.

*Histoire surprenante d'un paysan , qui guidé
par la Baguette Divinatoire , a poursuivi un
meurtrier durant plus de 45 lieues sur terre
et plus de 30 en mer.*

Il a paru à Paris plusieurs relations tant imprimées que manuscrites sur la découverte d'un meurtrier , qui s'est faite par le moyen de la Baguette
Divinatoire. Elles ne se contredirent en rien pour
ce qui regarde le fait , quoique les auteurs ne con-
viennent pas pour l'explication de cet effet , le plus

JACQUES AYMAR ,
RICHE PAYSAN DU DAUPHINÉ.

surprenant , et le plus extraordinaire qui fut jamais. Ainsi je pourrais me régler ici sur la première relation qui se présenterait. Cependant j'ai cru devoir donner la préférence à celles qui ont été dressées sur le procès-verbal que M. de Vagini procureur du Roi à Lyon , magistrat d'un mérite très-distingué , a faite de toute cette importante affaire ; dans l'instruction de laquelle il a fait paraître son application et son habileté ordinaire.

Récit de ce que Jacques Aymar a fait pour la découverte du meurtrier de Lyon.

Le 5 juillet 1692 sur les dix heures du soir , on assassina , à Lyon dans une cave , un vendeur de vin et sa femme , afin de voler leur argent , qui était dans une boutique tout proche , laquelle leur servait de chambre. Tout cela fut exécuté avec tant de résolution et de silence , que personne ne s'apperçut d'abord de ce meurtre : ce qui donna lieu aux assassins de s'enfuir.

Un voisin touché vivement de l'énormité de ce crime, s'étant souvenu qu'il connaissait un nommé Jacques Aymar riche paysan , qui se mêlait de suivre à la piste les larrons et les meurtriers , le fit venir à Lyon , et le présenta à M. le procureur du Roi , à qui ce villageois donna parole que , pourvu qu'on le menât dans le lieu où l'assassinat avait été commis , pour y prendre son impression , il irait certainement sur les pas des coupables , les suivrait et les démêlerait en quelque lieu qu'ils fussent. Il ajouta , que pour venir à bout de ce qu'il promettait , il se servirait d'une baguette faite indifférem-

ment de toutes sortes de bois , et coupée sans aucune façon en quelque temps que ce soit , enfin
telle qu'il emploie pour trouver les sources d'eau ,
les métaux , et les trésors cachés.

Monsieur le Lieutenant-criminel , et Monsieur
le Procureur du Roi l'envoyèrent donc dans la
cave où le meurtre avait été commis. Il y fut ému,
son poulx s'éleva comme dans une fièvre violente,
et la baguette fourchue , qu'il tenait entre ses
mains , tourna rapidement sur les deux endroits ,
où l'on avait trouvé les cadavres du vendeur de vin
et de sa femme.

Ayant pris là son impression , comme il le sou-
haitait , guidé par sa baguette , il passa par toutes
les rues , par où les assassins avaient fui. Il entra
dans la cour de l'Archevêché , et fut à la porte du
Rhône , qui se trouva fermée , parce qu'on faisait
cette expérience de nuit. Le lendemain il sortit de
la ville par le pont du Rhône , et toujours conduit
par sa baguette , il prit à main droite le long de ce
fleuve. Trois personnes , qui l'escortaient , furent
témoins qu'il s'appercevait quelquefois de la trace
de trois complices, et que quelquefois il n'en comp-
tait que deux. Dans cette incertitude sa baguette
le conduisit à la maison d'un jardinier , où il fut
éclaici du nombre des scélérats. Car enfin étant
arrivé là , il soutint de toutes ses forces , qu'ils
avaient touché une table, et que de trois bouteilles,
qu'il y avait dans la chambre , ils en avaient touché une , sur laquelle sa baguette tournait très-
visiblement. En effet , deux enfants de neuf à dix
ans , qui le niaient d'abord par la peur d'être punis
de leur père, pour avoir tenu la porte ouverte con-

tre sa défense, avouèrent ensuite que trois hommes, qu'ils dépeignirent, s'étaient glissés dans la maison, et avaient bu le vin de la bouteille , que le paysan désignait.

Comme on était déja éclairci par cette déclaration des enfants , on n'hésita point de suivre le paysan , et d'aller au bord du Rhône à demi lieue plus bas que le pont : on apperçut dans le sable les traces de ces scélérats imprimées le long du rivage. Ce qui fit juger qu'ils s'étaient mis sur la rivière. Le villageois les suivit aussi exactement par eau , que sur terre ; et fit passer son bateau dans des routes , et sous une arche du pont de Vienne , où l'on ne passe jamais ; sur quoi on conclut que ; puisque ces malheureux s'écartaient si fort du véritable chemin , ils n'avaient point assurément de batelier.

Durant le voyage, le villageois fit aborder à tous les ports où les fugitifs avaient pris terre , allait droit à leur gîte, et reconnaissait au grand étonnement des hôtes et des spectateurs , les lits où ils avaient couché , les tables sur lesquelles ils avaient mangé, et les pots et verres qu'ils avaient touchés.

Il arriva au camp de Sablon, où il se sentit beaucoup plus ému ; ils croyait bien voir et démêler les meurtriers , dans cette foule de soldats ; enfin il était persuadé qu'ils étaient-là ; mais pour s'en assurer, il n'ose faire agir sa baguette , de peur que les soldats ne l'insultent , et le maltraitent.

Cette considération le fit revenir à Lyon , d'où on le renvoya au camp de Sablon dans un bateau avec des lettres de recommandation. Il n'y trouva plus les criminels. Se mit pourtant à les suivre, et fut après eux jusqu'à la foire de Beaucaire en Languedoc, et marqua toujours dans la route les lits, les tables, et les sièges où ils s'étaient reposés.

Etant à Beaucaire, et cherchant dans les rues, sa baguette le conduisit à la porte d'une prison, où il assura positivement qu'il y avait un des scélérats. On lui ouvrit la porte; on lui présenta quatorze un quinze prisonniers ; il appliqua à tous sa baguette, qui ne tourna que sur un bossu, qu'on y avait mis depuis une heure pour un petit larcin.

Le paysan n'hésita point à dire que c'était-là certainement un des complices du meurtre. Cependant il se mit à chercher les autres, et découvrit qu'ils avaient pris un sentier, qui conduisait au chemin de Nîmes. On n'en fit pas davantage pour cette fois. On tranfera à Lyon le bossu, qui soutenait au paysan que sa baguette mentait, jurant qu'il n'avait point du tout connaissance de ce meurtre, et que même il n'avait jamais été à Lyon. Cependant comme on le remenait par le même chemin, qu'il avait suivi en fuyant; et se voyant partout reconnu par les hôtes chez qui il avait logé, il avoua étant à Bagnols, qu'il avait passé par cette maison en descendant du Rhône, avec deux hommes faits, comme les enfants du jardinier d'auprès de Lyon les avaient dépeints. Il ajouta que c'était deux provençaux, qui l'ayant pris pour valet, l'avaient engagé de tremper dans cette action, sans qu'il eût pourtant ni tué ni volé ; et que les provençaux avaient fait le massacre, et volé l'argent, dont ils ne lui avaient donné que six écus et demi. Cette confession réjouissait un peu le paysan , parce qu'elle faisait voir qu'il ne s'était point trompé. Ce qu'il y avait de singulier , c'est que ce villageois ne pouvait aller derrière le bossu le long du chemin , à cause qu'il y ressentait de grands maux de cœur. Pour éviter cela, il fallait qu'il marchât devant. C'est sans doute par la même raison que ce vil- lageois ne saurait se trouver dans les lieux, où quel- que meurtre a été commis , qu'il ne soit incom- modé notablement par les mêmes maux de cœur , et qu'il ne soit agité comme dans l'accès d'une fièvre violente. Ce qu'il ressent beaucoup moins , quand il poursuit des meurtriers sur une rivière ; et ce qu'il n'éprouve point du tout lorsqu'il cherche des eaux ou de l'argent caché.

Le bossu dans le premier interrogatoire qu'il subit , dès qu'il fut à Lyon , confessa que le jour du meurtre , deux hommes, qui parlaient proven- çal , l'avaient mené à la boutique d'un marchand , de qui ils achetèrent , ou dérobèrent deux serpes à bûcheron ; que sur les dix heures du soir tous trois ensemble , furent chez le vendeur de vin , qu'ils firent venir à la cave avec sa femme , sous prétexte de remplir une grosse bouteille couverte de paille ; que les deux provençaux descendirent sans lui dans la cave avec ces bonnes gens , que là ils les tuèrent à coups de serpe, et remontèrent dans la boutique , ouvrirent un coffre , et volèrent 130 écus, 8 louis d'or et une ceinture d'argent. Il avoua encore qu'ils s'allèrent promptement cacher dans une grande cour ; que le lendemain ils sortirent de Lyon par la porte du Rhône ; qu'ils burent à la maison d'un jardinier en présence de deux enfants;

qu'ils détachèrent un bateau du rivage ; qu'ils furent au camp de Sablon , et delà à Beaucaire. Il ajouta enfin que sur la route ils avaient logé chez les mêmes hôtes , où le paysan l'avait fait repasser au retour afin de l'y faire reconnaître.

Cette confession du bossu expliqua bien des choses , qu'on ne pouvait débrouiller auparavant. Car on trouva véritablement dans la boutique, qui servait de chambre , une serpe à bûcheron neuve et toute sanglante, avec une grosse bouteille presque pleine de vin.

Dès que la nouvelle de la prise du bossu fut répandue dans Lyon , chacun raisonna à sa manière sur l'homme à la baguette , qui avait suivi et démêlé si exactement ce misérable durant plus de 45 lieues françaises, qu'il y avait depuis Lyon à Beaucaire. Les savants , et les curieux se réveillèrent au bruit d'une aventure si surprenante et si rare , que toute l'antiquité ne produit rien qui en approche. On fit des expériences ; on visita le villageois, on le fit parler , on l'écouta , on l'examina , on était attentif à tout ce qu'il faisait : et la chose en vérité le méritait bien. Les savants prirent le parti qui était le meilleur. Car enfin ils sollicitèrent le paysan de retourner à la cave , pour y faire de nouveau les mêmes expériences. Cela se fit en présence de personnes distinguées. Il parcourut la cave , et les mouvements de la baguette marquèrent les deux endroits , où le mari et la femme étaient tombés en mourant ; il y fut abondamment mouillé de sueur , eut le poulx élevé , et demeura plus d'une heure en cet état.

On poussa les expériences encore plus loin. On

prit la serpe sanglante et deux autres du même ou-
vrier ; on les rangea à un pas de distance l'une de
l'autre : le villageois mit le pied sur chacune , et la
baguette ne s'inclina que sur celle qui était sanglante. On s'imagina que ce paysan pouvait adroi-
tement imprimer ce mouvement à la baguette :
c'est pourquoi on les cacha dans la terre ; et on
lui ferma les yeux avec une serviette , et toujours,
la baguette tourna immanquablement sur la serpe
ensanglantée. Tout cela s'est passé sous les yeux de
personnes non-seulement de qualité; mais d'un caractère d'esprit à ne se pas laisser éblouir.

Deux jours après que le paysan fut arrivé à Lyon,
on le renvoya avec des archers au sentier, qui conduit à Nîmes, et où il avait cessé de suivre les deux
autres scélérats , afin d'en reprendre la piste. La
baguette le remena par de longs détours dans Beaucaire à la porte de la même prison , où l'on avait
trouvé le Bossu. Sur cela il assura qu'il y en avait
encore un là-dedans. Mais il en fut détrompé par
le geolier , qui lui dit qu'un homme, tel qu'on re-
présentait un de ces deux scélérats , y était venu
depuis peu demander des nouvelles du bossu. Le
villageois se remit ensuite sur leurs pas. Il fut jusqu'à Toulon dans une hôtellerie , où ils avaient
dîné le jour précédent. Il les poursuivit sur la mer;
car ils s'étaient embarqués , pour se réfugier à
Gênes. Il reconnut qu'ils prenaient terre de temps-
en-temps sur nos côtes ; qu'ils y avoient couché
sous des oliviers; et malgré les tempêtes, et le gros
vent qui survint, il les suivit sans pouvoir les attein-
dre , jusqu'au dernières limites du royaume.

Cependant le procès du bossu s'instruisait à

Lyon, avec la dernière exactitude ; et quand le paysan fut de retour, ce criminel, qui ne se donnait que dix-neuf ans, fut condamné à être rompu vif à la place des Terreaux, et à passer en allant au supplice pardevant la porte du vendeur de vin, où la sentence fut lue. A peine le patient fut-il devant cette maison, que de son propre mouvement il demanda pardon à ces pauvres gens, dont il déclara qu'il avait causé la mort, en suggérant le vol, et gardant la porte, dans le temps qu'on les assassinait.

Voici, ce me semble, le fait assez circonstancié, et peut-être assez établi, pour n'en plus douter. C'est à ceux qui liront cette histoire à examiner là-dessus, et à voir jusqu'où l'on pourrait pousser le pyrrhonisme, s'il était permis de révoquer en doute des faits qui ont tous les caractères d'autorité que peut exiger la foi humaine.

La Philosophie des corpuscules, est la seule qui puisse rendre raison des merveilles de la sympathie et des mouvements de la Baguette Divinatoire.

Il faut d'abord remarquer que par le *mécanisme de la nature*, on ne veut point signifier un être, qui, sans être Dieu, agirait incesssamment par tout le monde, comme les philosophes payens l'ont entendu : Car ils s'imaginaient que la nature était une ame universelle, qui animait et mettait en mouvement toutes les choses corporelles. Mais par le mécanisme de la nature nous entendrons toujours *les lois générales du mouvement que le Cré-*

ateur a établies , et selon lesquelles ils gouverne tout l'univers.

Ce qui a le plus contribué à écarter de la vérité les sectateurs des *qualités occultes*, c'est qu'ils ont cru qu'il y avait plus de mystère qu'il n'y en a véritablement , dans les effets que nous admirons davantage. Ils se sont figurés que , lorsque la nature se cache dans ses œuvres , elle se comporte d'une autre façon que quand elle agit à découvert : c'est cependant toujours le même mécanisme.

Ainsi lorsque nous voyons qu'un corps est mis en mouvement , qu'il est poussé, encore que le ressort, et la manière, dont se fait cette impulsion, ne nous soient pas sensibles , à cause de l'extrême grossiéreté de nos sens , et de la prodigieuse ténuité ou petitesse des agents , que la nature emploie , nous devons pourtant être persuadés , que ce mouvement est produit selon les mêmes lois , par lesquelles les corps sont mûs à découvert et sensiblement.

On ne saurait faire trop d'attention à ce que je dis ; et j'ose bien avancer que c'est là un principe et une clef , pour se faire entrée dans les secrets, dont il semble que la nature nous ait voulu dérober la connaissance , et sur lesquels la philosophie de l'école nous a donné jusques ici peu de lumières.

La philosophie n'est donc pas embarrassée à expliquer ce que la nature fait sous les yeux de tout le monde , et lorsqu'elle n'emploie que des corps grossiers et visibles ; parce que l'on voit alors l'union de l'agent et du patient ; la contiguité des corps est sensible ; la cause qui agit , et le sujet sur lequel elle agit , se touchent par un *contact ma-*

thématique. Ils sont corps–à–corps ; c'est ainsi que le cachet laisse son image sur la cire molle, en la touchant immédiatement. Mais la difficulté, c'est quand l'agent et le patient sont distants, et qu'on ne voit point ce qui émane de l'agent, pour porter sa vertu sur le patient. C'est ainsi que l'action d'une pierre d'aimant, semblable à celle de Messieurs de la Société Royale de Londres, qui fait mouvoir une aiguille de boussole à neuf pieds de distance, donne la torture à un homme, qui ne sait pas, qu'il circule au travers et autour de cet aimant un tourbillon de matière subtile, dont la sphère d'activité s'étend à neuf pieds à l'entour : et quoique ses yeux ne voient pas ces petits agents, il est pourtant très-certain que c'est par leur ministère que l'aimant agite l'aiguillon de la boussole, et la touche par un *contact physique,* c'est-à-dire, par de petits corps qui sont moyens entre l'agent et le patient, et qui lui impriment tous les mêmes mouvements, que l'on donne à la pierre. C'est ainsi que les deux pièces, qui joignent les planches d'une *règle parallèle ,* font que l'une ne se peut remuer, que l'autre ne se trouve toujours en même temps dans la même situation.

Ces petits corps sont trop mystérieux, et leur usage est trop grand, pour ne les pas considérer avec attention.

Ce sont ces petits corps, qui font tout le mystère de ce qu'on appelle *sympathie et antipathie ,* comme ils en font en effet tout le ressort: dès qu'on les peut une fois bien reconnaître, tout ce qu'il y a de plus occulte dans la *sympathie* se manisfeste bientôt.

Cela était vrai avant le rétablissement de l'ancienne philosophie des corpuscules, et dans le temps
que tous les philosophes dans les merveilles de la
nature ne recouraient qu'à la *sympathie*, et à *l'antipathie;* s'imaginant en avoir beaucoup dit, quand
ils avaient fait montre de ces mots pompeux, qui
ne sont pas plus intelligibles que ce qu'ils voulaient
expliquer. Alors toute la physique dans le merveilleux roulait sur ces termes magnifiques.

Jean-Baptiste Porta dit, que c'est par la force
de la *sympathie* qu'un taureau en furie s'appaise sur
le champ, si on l'attache à un figuier ; et qu'un
éléphant s'adoucit à la vue d'un bélier; et que c'est
par *antipathie* que la vigne fuit le chou ; que la
ciguë s'écarte de la rue ; et que quoique le suc de
la ciguë soit un poison mortel, il ne nuit nullement,
si après l'avoir bû, on avale du suc de rue.

Corneille Agrippa explique aussi par la *sympathie* et *l'antipathie* tout ce qu'il n'entend point
dans la physique. Il dit qu'il y a une grande *sympathie* entre le palmier mâle et le palmier femelle;
entre la vigne et l'olivier ; entre le figuier et le
myrte; et qu'il y a une *antipathie* irréconciliable
entre le scorpion et le crocodile, qui cherchent réciproquement à se tuer ; entre l'éléphant et le
pourceau ; entre le lion et le coq ; le corbeau et le
hibou; le loup et la brebis ; le crapaud et la belette.

Jérome Cardan ne philosophe pas d'une autre
manière. Il dit que le lézard a de la *sympathie* avec
l'homme, et qu'il se plaît à le voir, et à chercher
sa salive qu'il boit avec avidité. Il ajoute que c'est
par *antipathie*, que la queue d'un loup suspendue
dans une étable empêche les bœufs de manger.

Il ne faut pas dissimuler que ces philosophes tachaient de faire entendre ce qu'ils pensaient par *sympathie*. Ils disaient que c'est *une convenance ou conformité des qualités naturelles d'humeurs ou de tempérament, qui font que deux choses s'aiment, se cherchent, et demeurent en repos ensemble.* Mais certainement il faut qu'il reconnaissent à leur tour que quiconque n'en dit pas plus, insinue assez qu'il n'y entend rien. On ne doute pas de cette *convenance*, et de cette *conformité de qualités :* mais on demande ce qui la produit, et ce qui en est la cause efficiente. C'est ce qu'on ne saurait expliquer sans la philosophie des corpuscules.

La Baguette Divinatoire a couru la même fortune que les autres secrets dans la physique. On en a rapporté les effets à la *sympathie* qu'il y a entre les métaux et certaines plantes. On n'en pouvait pas dire davantage. Philippe Mélancthon dans un discours qu'il a composé exprès *de sympateia et antipateia,* fait six classes des différentes *sympathies,* qu'il a observées dans la nature, et fait l'honneur à la *Baguette de coudrier* de la placer au second rang. La deuxième sorte de *sympathie,* est, dit-il, celle qui est entre les métaux et les plantes. De-là vient que tourne la baguette fourchue de coudrier, dont se servent ceux qui travaillent aux minières, pour trouver les veines d'or et d'argent, et qu'ils appellent pour ce sujet *Baguette Divine.* Après cela il fait quelqu'effort, afin d'expliquer la raison et le secret de cette *sympathie,* qui fait tourner la baguette sur les métaux. Il dit que c'est que le coudrier tire par ses racines les sucs minéraux, qui

sont dans la terre, qu'il s'en nourrit et fortifie mer-
veilleusement , et que de-là naît la sympathie qu'il
a avec l'or et l'argent.

La philosophie des corpuscules nous mène aujourd'hui plus loin. Elle développe , autant bien
qu'on le peut , le mécanisme de la nature dans les
opérations que l'on attribue à la *sympathie* , et à
l'antipathie : tellement que nous disons avec certitude, que cette affection, ou cette estime secrète,
dont nous nous sentons prévenus pour certaines
personnes, dès la première fois que nous les voyons,
est causée par une émission d'esprits , ou de corpuscules qui partent de ces personnes , et qui vont
faire une douce impression sur la rétine , ou le nerf
optique , ou dans les autres nerfs ; laquelle parve-
nant jusqu'au cerveau , affecte l'organe de manière que la perception ou sensation nous est agréable. Quand au contraire cette sensation se fait avec
un sentiment confus de désagrément ou d'éloigne-
ment , cela s'appelle *antipathie*. Voilà un modèle
pour expliquer toutes *les sympathies et antipa-
thies* qui se peuvent trouver dans les trois familles
des animaux , des végétaux et des minéraux.

M. Gassendi rapporte un assez plaisant exemple
d'*antipathie* , dont il a été témoin. Un jour , dit-
il , je vis avec surprise une troupe de pourceaux ,
qui en plein marché se mirent tous à gronder contre un boucher , et à le regarder de travers comme leur ennemi mortel, tant qu'il fut proche d'eux.
J'ajouterai à cela , que j'ai vu dans une rue de
Paris tous les chiens sortir des maisons, aboyer
avec beaucoup de violence contre un de ces chif-
fonniers , qui tachent souvent de les attrapper ,

pour en avoir la peau. Or cette *antipathie*, venait
de ce que le boucher et le chiffonnier étaient en-
tourés des esprits des animaux qu'ils avaient fraî-
chement tués : comme ces corpuscules dont leurs
habits étaient remplis, avaient été tirés de force,
et étaient par conséquent agités d'un mouvement
extraordinaire, ils s'allaient porter avec rapidité
sur le corps de ces pourceaux et de ces chiens, et
les heurtaient d'une manière qui produisait en eux
une sensation fort désagréable.

C'est la raison pourquoi le sang d'un homme as-
sassiné se remet en mouvement et coule de la plaie
à la présence du meurtrier. S'il est vrai que cela
arrive quelquefois, comme les lois, qui semblent
y avoir quelqu'égard, le supposent : les esprits du
mort, dont le meurtrier est tout environné, et
qui ont été arrachés avec toute l'horreur que produit la présence d'un homme cruel et sanguinaire,
sont demeurés dans une agitation si violente, qu'ils
ne manquent pas, si le cadavre est dans la sphère
de leur activité, de le choquer rudement, et de
remettre en mouvement les esprits qui sont restés
dans le sang.

La sympathie de l'héliotrope avec le soleil fait
trop de bruit, pour la passer sous silence. La raison pourquoi cette fleur se tourne du côté de cet
astre, en cas qu'elle lui soit bien exposée, c'est
que les rayons du soleil en desséchant la tige du
côté qu'ils la frappent, font qu'elle s'accourcit à
cause de l'évaporation des esprits qui s'en exalent;
et qu'elle se courbe, comme fait une carte mouillée mise devant le feu ou au soleil. Voilà tout le
mystère qui a si fort tourmenté tant de philoso-

phes et ce n'est rien avec la clef de la philosophie des corpuscules.

La malignité contagieuse qui se trouve dans les corpuscules qui se détachent d'un chien enragé, soit par son souffle ou autrement, est quelquefois une preuve bien funeste que la matière subtile qui s'évapore d'un corps, produit souvent tous les mêmes effets que produirait le corps même.

Nicolaus Florentinus, dit qu'un certain homme Lombard à Florence, ayant brûlé indiscrètement à la chandelle une grosse araignée presque noire, il s'en sépara une fumée qu'il attira par le nez, qui était si violente qu'il en perdit la connaissance ; que son poulx s'affaiblit tellement qu'on ne lui en trouvait presque plus ; que toute la nuit il en ressentit de cruelles tranchées dans les intestins; et qu'on ne le tira de-là qu'à force de thériaque, et d'autres antidotes.

Système du mouvement et de l'inclinaison de la Baguette Divinatoire sur les sources d'eau, sur les minières, sur les trésors, et sur la piste des voleurs et des meurtriers fugitifs.

Quiconque entendra bien ce mystère de l'inclinaison de la verge de fer aimantée, concevra facilement tout le secret de l'inclinaison de la Baguette Divinatoire ; qui ne trébuche, comme elle fait, que parce que les colonnes, ou les lignes des corpuscules (que nous démontrerons bientôt s'élever au-dessus des sources d'eau, des minières, des trésors et de la piste des criminels fugitifs) trouvant la Baguette déjà imprégnée de semblables

petits corps, s'y portent avec avidité, l'inclinent
vers la terre, et l'attirent comme ferait un filet
d'argent ou une chaînette d'or. Et cette attraction
rend la verge de coudrier parallèle aux lignes ver-
ticales des vapeurs et des exhalaisons, comme la
verge aimantée devient parallèle aux lignes que
décrit la matière magnétique, dont elle est attirée.
C'est ainsi que si l'on attachait au derrière d'un
bâteau une branche d'arbre, on verrait bientôt
qu'elle se dirigerait selon sa longueur, suivant le
cours de la rivière, avec lequel la branche affec-
terait toujours de se rendre parallèle.

Ce système non-seulement démontre comment
la Baguette Divinatoire tourne sur les rameaux
d'eau, sur les minières et sur les trésors cachés
en terre; mais encore il explique parfaitement bien
toute l'histoire de la découverte du meurtrier de
Lyon. C'est en effet partout le même mécanisme et
la même conduite de la Nature.

Car comme les corpuscules, qui s'élèvent des
sources d'eau et des minières imprégnent la Baguette, étant attirés par ceux que lui a commu-
niqués Jacques Aymar en la touchant, de même
les corpuscules qui s'exhalent par la transpiration
insensible du corps d'un scélérat fugitif, inondent
pareillement la Baguette, qui est déjà comme aimantée par le contact des mains du paysan imprégné tout le premier par l'impression qu'il a prise
sur le lieu où la tragique histoire s'est passée.

Maintenant pour me servir des termes dont on
use dans les écoles de philosophie, je dis que les
corpuscules, tant ceux qui se transpirent des mains
de l'homme à la Baguette, que ceux qui s'élèvent

en vapeurs au-dessus des sources d'eau , en exhalaisons au-dessus des minières et en colonnes de
corpuscules de la transpiration insensible sur les
pas des criminels fugitifs , sont la cause efficiente
prochaine du mouvement et de l'inclinaison de la
Baguette Divinatoire.

Enfin j'explique la sympathie de la Baguette de
coudrier avec les métaux , et les autres choses sur
quoi elle s'incline par l'écoulement et le flux de la
matière subtile qui se transpire de tous les corps et
qui se répand dans l'air ; et le P. Schott , jésuite ,
déclare que c'est la bonne manière de développer
les effets qu'on a jusqu'ici attribués à des qualités
occultes.

Expériences.

On sait que les plantes tirent de l'eau leur prin-
cipale nourriture et leur accroissement. Nous
avons vu l'été dernier une expérience fort agréable
qui prouve bien ce que je dis. Car ayant mis une
petite branche de baume, qu'on appelle autrement
de la menthe , dans une phiole pleine d'eau , non-
seulement cette branche , qui n'avait que quatre
doigts de hauteur , a pris racine ; mais elle a crû
jusqu'à un pied de hauteur , a poussé beaucoup de
branches , jeté des fleurs , et produit enfin de la
graine dans cette eau , comme elle aurait fait en
pleine terre.

Van-Helmont a fait une expérience très-belle ,
et qui prouve admirablement bien la convenance
qu'il y a surtout entre les pores de certains arbres,
et les corpuscules qui se détachent de l'eau. J'ai

pris, dit-il, un grand vase de terre dans lequel j'ai mis 200 livres de terre bien séchée au four, que j'ai ensuite arrosée d'eau de pluie. Après cette préparation j'y ai planté un tronc de saule pesant 5 livres, au bout de cinq ans cet arbre, qui a poussé extrêmement, pesait 169 livres et environ trois onces. J'y ai mis de l'eau de pluie, ou bien de l'eau distillée toutes les fois qu'il a fallu l'arroser : j'ai eu un fort grand soin de couvrir ce vase par des feuilles de fer-blanc percées de quantité de petits trous, afin d'empêcher que la poussière n'y tombât. Il faut encore remarquer que je n'ai point pesé toutes les feuilles, qui durant quatre automnes sont tombées en abondance. Enfin j'ai fait sécher la terre, comme j'avais fait auparavant, et j'ai retrouvé mes 200 liv. de terre, peut-être deux onces moins. Il s'est donc produit de la seule eau 164 liv. de bois, d'écorce, et de racine.

Il s'élève des exhalaisons ou fumées sur toutes sortes de minières et sur les trésors cachés dans la terre, qui font incliner la Baguette Divinatoire.

Certainement ce serait se moquer, que d'attribuer au soleil ces bouffées si terribles de chaleur qui étouffent quelquefois les ouvriers au fond d'une minière creusée de quinze cents coudées. Mais enfin, qu'on les prenne, si l'on veut, pour l'effet du soleil, ou des fermentations qui se font dans la terre, s'ensuit également de ces deux hypothèses, qu'il doit y avoir des fumées et des exhalaisons sur les minières, puisque les sels volatils, et les corpuscules les plus subtils des métaux seraient également mis en mouvement par un de ces deux agents, aussi bien que par les feux souterrains.

Aussi est-il vrai , que ceux qui ont écrit avec quelque soin et quelque solide connaissance des minéraux , ont tous fait mention de ces exhalaisons ou fumées auxquelles nous attribuerons la cause du mouvement et de l'inclinaison de la Baguette Divinatoire sur les minières. Et comment auraient-ils oublié de parler de ces vapeurs métalliques ? Les yeux les peuvent même découvrir assez facilement le matin , lorsque le soleil se lève.

Pline parlant des minières d'argent, dit qu'il s'en élève une vapeur que tous les animaux , et surtout les chiens , ne peuvent souffrir.

Georgius Agricola dit en général que pour trouver des minières , il faut observer si l'on voit des fumées s'élever sur quelqu'endroit des montagnes, parce que c'est un indice qu'il y a là des métaux cachés dans la terre. *Venœ enim siccum expirant lidumque halitum.*

Cæsius, Jésuite, non-seulement dit que ces écoulements de matière subtile , qui font comme de petits nuages en certains endroits des montagnes , sont des marques qu'il y a en ces lieux-là des veines métalliques ; mais il ajoute encore que ces fumées sèches et chaudes font la stérilité qui règne sur les minières , parce qu'elles y dessèchent et font mourir les plantes et les arbres en brûlant jusqu'à leurs racines.

Le père Tylkowski , jésuite polonais , dit positivement que, si l'on voit une espèce de petit nuage toujours au même endroit sur une montagne, c'est

une marque qu'il y a des métaux au-dedans. Et il
assure que , si au mois d'avril et de mai on voit ,
au lever du soleil quand le ciel est serein , des vapeurs sur une montagne , c'est signé qu'il y a une
minière de vif-argent.

M. Bayle reconnaît non-seulement des exhalaisons sur les minières : mais Il a même beaucoup de
penchant à croire que ces fumées sont chaudes.
Ce qui lui fait dire que c'est sans doute pour cette
raison qu'Agricola a mis au rang des choses qui
indiquent les minières, la promptitude avec laquelle
la neige disparaît sitôt sur les lieux où il y a des veines métalliques ; ce qui fait encore qu'on n'y voit
jamais de gelée blanche ; pourvu , ajoute-t-il , qu'il
ne se trouve pas dans la terre des pierres et des
rochers qui détournent les exhalaisons, et qui em-
pêchent qu'elles ne s'élèvent verticalement......
Il faut, dit-il , qu'il y ait non-seulement des fumées
sur les minières; mais il faut bien qu'il y ait encore
une grande chaleur dans la terre pour les faire
élever : car enfin je sais de ceux qui ont voyagé
exprès en Hongrie pour y voir les minières d'or ,
que les feuilles d'arbres qui sont en ces endroits-
là se trouvent très souvent couvertes d'une couleur
d'or par la force des exhalaisons métalliques.

On comprend par-là comment la Baguette Divinatoire tourne sur les puits , sur les fosses et sur
les trésors que l'on a cachés en terre , puisqu'il est
certain , comme l'a reconnu Monsieur Édouard
Browne, qu'il s'en élève des vapeurs et des fumées,
aussi bien que de dessus les sources et les minières.

La terre que l'on a remise dans une fosse où
l'on a caché un trésor, n'est plus replacée comme

elle était selon l'institution de la Nature; ce dérangement la rendant plus poreuse, fait que les fumées qui s'élèvent de la terre , viennent en foule en cet endroit-là ; parce qu'elles y trouvent un plus facile passage.

Nos soldats qui ne manquent pas d'expérience là-dessus , n'ignorent point cette physique : car à peine sont ils chez leurs hôtes en quartier d'hiver, qu'ils ne manquent pas d'observer dans le jardin de la maison , lorsqu'il y a une gelée blanche , ou qu'il a tombé de la neige , les lieux où il n'y a ni neige ni frimas , dans la certitude qu'ils ont que la terre y a été nouvellement remuée, et que c'est là par conséquent que l'hôte a caché ce qu'il a de plus précieux ; tant ils savent bien que les exhalaisons qui sortent par-là plus abondamment , y fondent la neige et les frimas.

Voilà encore la raison pourquoi la Baguette s'incline perpendiculairement sur les minières et sur les métaux cachés en terre. Car enfin il ne faut point douter que les métaux, l'or et l'argent monnoyé ne poussent des fumées perpétuelles , qui forment une espèce d'athmosphère autour d'eux , comme le dit si bien le père Malebranche : *enfin , dit-il , il se transpire beaucoup plus d'humeurs par les pores imperceptibles des artères et de la peau , qu'il n'en sort par les autres passages du corps; et les métaux , même les plus solides, n'ont pas de pores si étroits , qu'il ne se trouve encore dans la nature des corps assez petits , pour y trouver le passage libre , puisqu'autrement ces pores se fermeraient.*

Objection.

Il reste une difficulté à résoudre. On demande pourquoi la Baguette s'incline sur les métaux quelquefois avec tant d'effort, qu'elle se rompt : ce qui n'arrive point sur les rameaux d'eau.

Réponse.

Je réponds que cet effort démontre, qu'il y a une grande différence entre les vapeurs de l'eau qui sont froides et humides, et les exhalaisons des métaux qui sont sèches et chaudes, comme M. Bayle l'a fort bien reconnu. Or ces corpuscules secs et chauds font sur la Baguette ce que le feu même y ferait ; ils la pénètrent, ils l'ouvrent, et la font se tourmenter, ainsi que se tourmente une branche de coudrier devant le feu ; car on sait qu'elle tourne d'elle-même assez longtemps, pour donner le loisir d'y voir rôtir entièrement un petit oiseau qui y est attaché. Le feu subtil, qui s'exhale des minéraux, fait même avec plus de violence et plus promptement sur les longues fibres du coudrier, ce que le feu ordinaire n'y fait qu'avec beaucoup de temps.

Il s'exhale par la transpiration insensible du corps des voleurs et des meurtriers fugitifs, beaucoup de corpuscules, qui demeurent sur leur piste, et qui font incliner la Baguette Divinatoire.

Représentons-nous donc autour de ces scélérats fugitifs une atmosphère de ces corpuscules qui se transpiraient continuellement par les pores de leur peau, et qui se répandaient dans leur route de Lyon à Beaucaire et de Beaucaire à Toulon. Ou pour mieux dire , considérons cet écoulement de corpuscules , comme un ruisseau qui se répand dans l'air, et dont ces scélérats portent toujours la source avec eux. Si on rassemble maintenant tout ce que nous avons vu de la transpiration dans *Sanctorius* , on avouera que je ne suppose rien ici que de vraisemblable , et que je n'aie démontré auparavant.

Voilà donc sur les pas des criminels un volume, une atmosphère de corpuscules répandus dans l'air, et qui font incliner la Baguette Divinatoire entre les mains de Jacques Aymar , quand il suit exactement leur route.

Tout ce que j'ai dit jusqu'ici ne suffit point encore ; car il reste à savoir si ces corpuscules , qui s'exhalent du corps des larrons et des meurtriers , sont d'une configuration propre à s'insinuer dans la Baguette Divinatoire. Il me serait facile de montrer que le bois a assez de pores de différentes figures , pour qu'il s'y en trouve qui aient quelque analogie ou convenance avec la matière subtile de la transpiration insensible. Mais ceux qui se mettront en garde contre mes raisonnements , écouteront plus favorablement la voix de la nature , que je veux leur faire parler par des phénomènes très-curieux , et qui rendront , pour ainsi dire , palpable la vérité que j'ai à démontrer.

Phénomène.

M. *Polisius* dans la 43.ᵉ observation du journal de médecine de l'académie des curieux de la nature en Allemagne 1685 assure qu'un rameau de romarin qui avait été mis selon la coutume entre les mains d'un mort, a végété de telle sorte, qu'il s'est répandu de tous côtés sur la barbe, et qu'il a couvert de sa verdure, tout le visage du défunt; comme on le remarqua avec beaucoup de surprise, il y a quelques années en découvrant le cercueil.

Cet effet est très-naturel et facile même à expliquer. Il est certain que les humeurs, restées dans le cadavre ayant été mises en mouvement par les sels, ont produit une fermentation, qui a poussé au-dehors une atmosphère de matière subtile : et comme cette matière transpirée du cadavre s'est trouvée proportionnée aux pores du romarin, elle s'est insinuée dans les fibres de la branche, et a produit la végétation dont parle M. *Polisius.*

La Baguette Divinatoire s'incline par cette raison fortement sur les cadavres des personnes assassinées. On ne les savait pas avant que l'expérience de Jacques Aymar nous l'eut appris : et il ne le savait pas lui-même, lorsque cherchant de l'eau dans son voisinage, il assura sur le mouvement rapide de sa baguette, que l'eau n'était pas loin. En quoi il se trompait ; comme il l'eut bientôt reconnu. Car en fouillant la terre, on trouva au lieu d'eau le cadavre d'une femme qu'on avait étranglée. La réflexion que le bon sens lui suggéra, nous découvre un effet de la Baguette à quoi on n'avait jamais pensé. Il conclut qu'elle s'inclinait donc aussi sur les cadavres de ceux qui avaient été assassinés.

On demande comment Jacques Aymar a pu reconnaître les pots , les verres , la serpe , et les autres choses que les assassins avaient touchées.

Réponse. Les mains transpirent : il n'y a pas lieu d'en douter. Cela paraît même sensiblement quand on touche une assiette d'argent bien polie ; la trace des doigts s'imprime dessus comme une petite vapeur que le mouvement de l'air voisin détache et dissipe assez promptement. D'ailleurs , comme il s'attache des particules matérielles du corps de l'animal sur le lieu où il passe , même en courant ; de sorte , dit M. Digby , que *les chiens d'Angleterre suivront à l'odorat plusieurs lieues la piste d'un homme ou d'une bête qui aura passé par-là quelques heures auparavant* ; de même il s'attachait sur tout ce que ces malheureux touchaient des parties matérielles de leur transpiration qui faisaient mouvoir la Baguette.

Démocrite fit paraître sur la fin de ses jours qu'il avait compris le secours que les hommes peuvent tirer de la philosophie des corpuscules pour la conservation de leur vie. Ce grand philosophe tout cassé de vieillesse, selon Diogène Laërce, peu de jours avant sa mort , ayant remarqué dans le visage de sa sœur le chagrin qu'elle avait , de ce qu'il ne mourrait apparemment que durant les fêtes de Cérès ; il l'avertit qu'elle ne devait point se chagriner ; qu'elle pouvait aller prendre part aux cérémonies publiques , et qu'il prolongerait sa vie jusqu'après les fêtes , pourvu qu'on lui apportât tous les jours du pain chaud. Ce qu'il fit en effet.

Car il se nourrit trois jours en respirant seulement les corpuscules qui s'exhalaient de ce pain chaud.

La notice qui précède est loin d'être aussi complète qu'il le faudrait pour donner une connaissance exacte de tous les avantages qu'une personne convenablement organisée peut retirer de l'usage de la *Baguette Divinatoire* ; mais elle suffit pour faire naître l'idée d'en étudier les merveilleux effets.

De la Baguette chez les anciens et chez les modernes.

La Baguette, dit M. *Verdot*, académicien, est le symbole le plus ancien de l'adresse et de la puissance. C'est à l'aide d'une baguette que les magiciens d'Egypte opéraient leurs merveilles. C'est en le touchant de sa baguette que Minerve donna à Ulysse la fleur de la jeunesse. Moïse et son frère Aaron se servirent de la baguette avec succès. Avant eux, le bâton de Jacob jouissait d'une grande réputation.

Le sceptre des rois, le bâton des augures, la crosse des évêques ne sont que des baguettes d'un diamètre un peu fort.

Les Scythes, les Alains et les Gaulois nos ayeux, consultaient toujours la baguette pour connaître l'avenir ; mais nous ignorons les moyens qu'ils employaient pour réussir.

Dans le siècle dernier, plusieurs personnes sont parvenues dans nos provinces, au dire d'un grand nombre de théologiens et de docteurs de toutes les facultés, à découvrir les trésors cachés, les bornes des héritages , les meurtriers et , ce qui n'est pas moins curieux , mais ce qui peut devenir dangereux , à trouver les complices des femmes ou des maris infidèles. Ils se servaient pour celà d'une *branche fourchue de coudrier vierge* , coupée à minuit précis , ferrée à une des extrémités , avec une pièce d'argent sans alliage , sur laquelle un prêtre avait dit la messe.

En novembre 1807 , le docteur *Ginetz* , fit insérer dans le Journal de Paris , une lettre par laquelle il atteste la puissance de la baguette divinatoire , pour s'en être servi lui-même. Il prétend que lorsque l'expérience ne réussit point , cela n'est occasionné que parce que l'expérimentateur n'est pas dans des dispositions convenables ainsi que l'a démontré le savant abbé *de Vallemont*.

CONCLUSION.

Quiconque aura lu ce petit traité avec quelque attention, sera convaincu 1.º que, si le nombre de ceux qui ont la faculté de faire tourner la Baguette n'est pas encore considérable, c'est parce que peu de personnes en ont essayé les étonnantes propriétés ; 2.º que le mouvement et l'inclinaison de cette baguette, se font aussi naturellement que ceux de la verge aimantée ; 3.º qu'il est certain que, si l'on s'occupait de cette intéressante découverte, avec toute la persévérance désirable, on trouverait dans chaque famille, au moins un individu bien disposé et convenablement organisé pour se servir de la Baguette Divinatoire ; 4.º que l'insoussiance ou l'inintelligence des expérimentateurs est seule cause de la non-réussite de la plupart d'entre eux ; 5.º et enfin, que la découverte de cette baguette doit être et sera immanquablement le motif de la fortune de ceux qui en étudieront prudemment les effets.

Nous terminerons en répétant ce que nous avons déjà dit, que ceux qui voudront étendre leurs connaissances sur ce point, doivent se procurer l'ouvrage intitulé : *La Physique occulte, ou Traité de la Baguette Divinatoire*, deux volumes in-12, composés ensemble de plus de 500 pages, et renfermant un grand nombre de figures.

DE LA PHYSIONOMANCIE.

LES Hébreux avaient en singulière vénération l'étude de la Physionomancie. Ils admettaient que chaque partie de la figure se trouve sous l'influence d'une planète, et chaque partie du corps sous la domination d'un signe du Zodiaque.

Sans prétendre affirmer l'exactitude de leur opinion, nous allons faire connaître ce qu'ils pensaient à cet égard.

INFLUENCE DES PLANÈTES.

Mars . .	♂	influe sur le front.
Vénus . .	♀	sur l'œil gauche.
Mercure	☿	sur l'œil droit.
Jupiter .	♃	sur l'oreille droite.
Saturne .	♄	sur l'oreille gauche.
Lune . .	☽	sur le nez.
Uranus .	♅	sur la bouche.

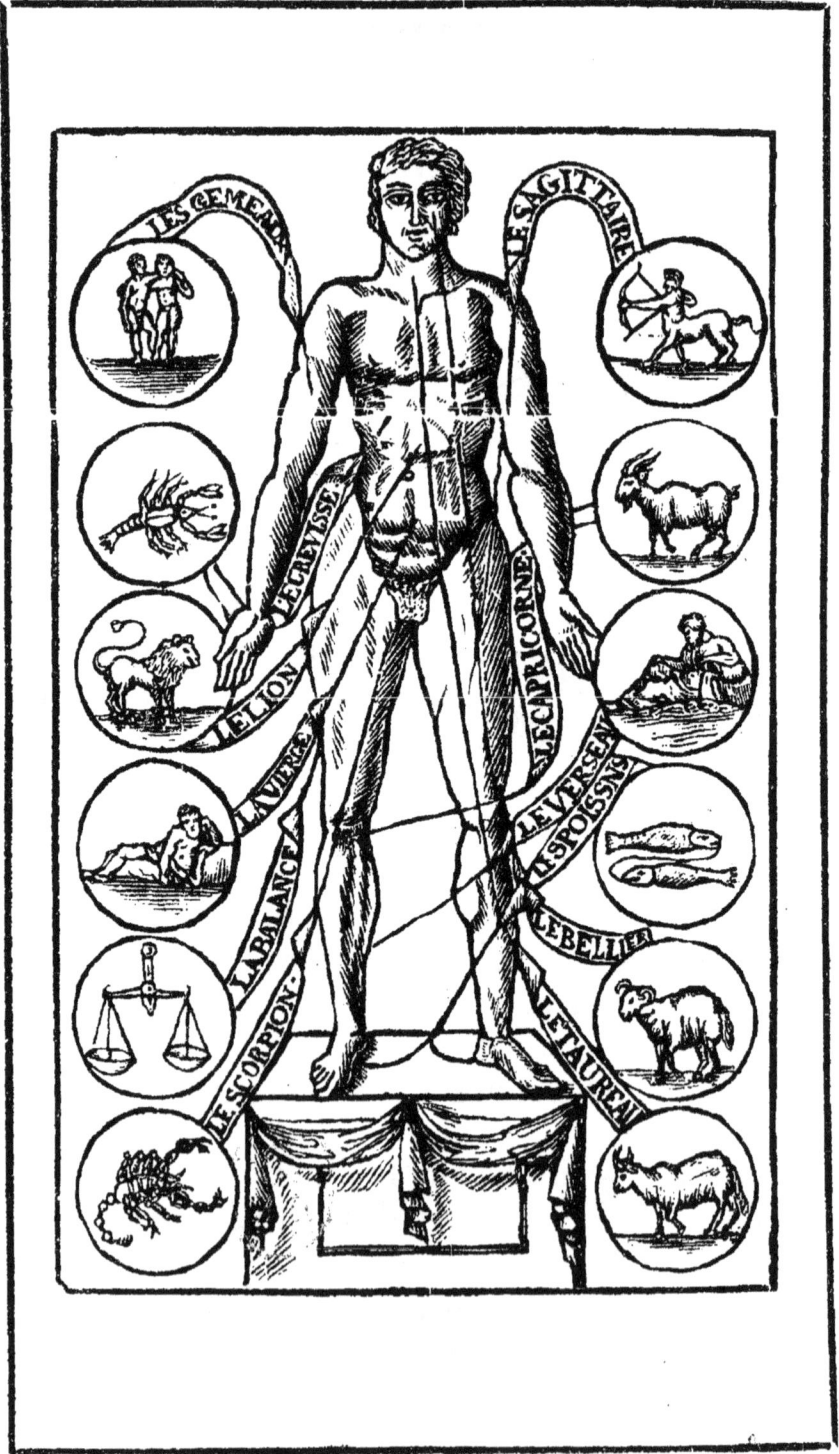

DOMINATION DES SIGNES DU ZODIAQUE.

Aries, le Bélier ♈ domine la tête.

Taurus, le Taureau ♉ domine le cou.

Gemini, les Gémeaux ♊ dominent les bras et les épaules.

Cancer, Écrevisse ♋ domine la poitrine et le cœur.

Léo, le Lion ♌ domine l'estomac.

Virgo, la Vierge ♍ domine le ventre.

Libra, la Balance ♎ domine les reins et les fesses.

Scorpius, le Scorpion ♏ domine les parties honteuses.

Sagittarius, le Sagittaire ♐ domine les cuisses.

Capricornus, le Capricorne ♑ domine les genoux.

Aquarius, le Verseau ♒ domine
les jambes.

Pisces, les Poissons ♓ dominent les
pieds.

La conclusion ou la conséquence que tiraient
les anciens de cette influence ou domination, c'est
qu'il était utile, c'est qu'il était avantageux de
s'occuper plus spécialement de la guérison des
maladies qui affectaient certaines parties du corps
lorsque les planètes influentes sur ces parties,
étaient le plus rapprochées de notre globe, ou
que l'époque de l'année plaçait ces parties sous le
signe du zodiaque qui les dominait naturellement.

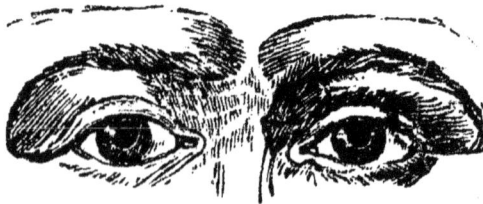

TABLE.

RECETTES ET PROCÉDÉS INDUSTRIELS, AGRICOLES, SCIENTIFIQUES, ET D'ÉCONOMIE DOMESTIQUE. **75**

FIN DE LA TABLE.